Cornelia Kurth,
geboren 1960, studierte Germanistik und
Philosophie und wurde Journalistin, zunächst
bei der «taz» in Hamburg. Seit der Geburt
ihres Sohnes ist sie freie Mitarbeiterin bei
verschiedenen Zeitungen. Bei Rotfuchs erschien
bereits «Frederikes Tag» (Band 20965).

CORNELIA KURTH

Ein Jahr mit 90 Tagen

Rowohlt Taschenbuch Verlag

Lektorat Ralf Schweikart

Originalausgabe
Veröffentlicht im Rowohlt Taschenbuch
Verlag GmbH, Reinbek bei Hamburg,
Mai 2001
Copyright © 2001 by Rowohlt Taschenbuch
Verlag GmbH, Reinbek bei Hamburg
Umschlaggestaltung Barbara Hanke
Umschlagfoto Fred Dott
Alle Rechte an dieser Ausgabe vorbehalten
Satz Berling PostScript (PageOne)
Gesamtherstellung Clausen & Bosse, Leck
Printed in Germany
ISBN 3 499 21151 3

Die Schreibweise entspricht den Regeln
der neuen Rechtschreibung.

Ein Jahr mit 90 Tagen

»»» *Ich habe ihm gesagt, dass ich ihn liebe*

Jetzt kann ich nichts anderes mehr tun als schreiben und auf Lucie-der-gute-Engel warten. Meine eine Krücke ist über den Balkon gefallen, das heißt, sie ist nicht direkt gefallen, sondern von Edward abgeprallt und dann über das Geländer gekippt. Edward hat es nichts geschadet, genauso wenig, wie es damals dem Teufel was geschadet hat, dass Martin Luther das Tintenfass nach ihm warf. Der Teufel immerhin, der verzog sich nach Martin Luthers Wutanfall, während Edward noch genauso guckt wie vorher, mit diesem melancholischen Lächeln, das gut zu ihm passt, wie er da hängt, mit dem Nagel mitten durch seine Stirn.

«Du willst es also gewinnen, das Spiel, wer zuerst anruft? Wer zuerst sagt: Ich vermisse dich. Und: Komm. – Ach, hebe dich hinweg, ich verfluche dich!»

Allein komm ich die Treppe nicht runter mit meinem verdammten Bein und nur einer Krücke. Die anderen Mädchen schlafen oder haben Nachtdienst. Rettet mich, du mein letztes Bier und ihr, meine letzten beiden Zigaretten. Und dir, Edward, dir geschieht es recht, dass du da hangest an meiner Balkonwand im vierten Stock des Schwesternwohnheimes. Es hat mir wirklich Spaß gemacht, dir den Nagel mitten durch die Stirn zu treiben.

Früher habe ich mir oft vorgestellt, dass ich starr auf meinem Bett liege und man mir einen Nagel durch die Stirn schlägt. Nicht durchs Herz, wie man es bei Vampiren tut, die man an ihren Umtrieben hindern will, sondern mitten durch den Kopf. Es war eine so beruhigende Vorstellung, auf diese Weise gebannt zu sein. Ich konnte einschlafen.

Du aber, du sollst nicht schlafen. Du sollst an mich denken, wo immer du gehst, was immer du tust, du sollst, ob du willst oder nicht, an mich gebunden sein. Voller Schmerz und gegen deinen Willen, das ist mir egal. Du darfst mich nicht vergessen. Und wenn du es doch versuchst, dann werde ich der Nagel in deinem Gehirn sein.

Ich habe ihm gesagt, dass ich ihn liebe.

O selbst hier, vollkommen einsam und allein auf dem Balkon des Schwesternwohnheimes, in dem mich noch niemand richtig kennt, wo alle schlafen oder Nachtdienst haben oder wie Lucie-der-gute-Engel ihren Spätdienst aus lauter Gutmütigkeit endlos überziehen, selbst hier, wo niemand mich sieht, weil gegenüber nur eine Fabrikfassade steht, grau und fensterlos, werde ich rot, und meine Ohren werden heiß bei der Erinnerung daran, dass ich diese Worte gesagt habe: Ich liebe dich!

Zu Edward.

Der nicht anruft.

Eine Ohrfeige wert

Ich weiß, dass er im Moment bei seinem Großvater ist, in einem kleinen Holzhaus am Rande des Waldes, in dem es keinen elektrischen Strom gibt und die Heizung mit Holz angefeuert wird. Es gibt auch kein Telefon in diesem Haus, in dem Edward aufgewachsen ist, keinen Computer, mit dem man E-Mails verschicken könnte und kein Auto. Schon seit Jahrzehnten fährt Edwards Großvater mit dem Trecker in die Dorfkneipe, mit dem Trecker darf er noch fahren, 6 Kilometer pro Stunde. Er trinkt, wie verrückt, und Edward fährt nie mit dem Auto zu ihm, damit sein Großvater nicht einfach das Auto nimmt und ins Gefängnis kommt.

Ich möchte auch betrunken sein, die ganze Nacht, tief und gut betrunken, sodass ich mich ohne Scheu erinnern kann, wie es kam, wie es war, als ich mich in Edward verliebte. Als ich mich zum allerersten Mal wirklich verliebte.

Edward hat ein Fahrrad. Es ist immer noch dasselbe, mit dem er jeden Tag zur Bushaltestelle gefahren ist, damals, als er aus dem Internat zurückkam und bei uns auf die Schule ging. Im Sommer fuhr er damit die 13 Kilometer in die Stadt und zurück, um das Geld für die Busfahrkarte zu sparen. Er bekam kein Taschengeld von seinem Großvater, der mal ein berühmter Pianist war und immer wollte, dass Edward auch Klavier spielt. Der Großvater hat ihm einen spitzen Bleistift auf die Hand gelegt, damit er den Handrücken ganz gerade hält und den richtigen Anschlag bekommt. Und wenn der Bleistift runterrollte, dann hat er Edward damit in die Seite gepikst. Das war noch so, als er auf unserer Schule in die 13. Klasse ging. Adrienne hatte es uns erzählt. Um zu erklären, warum Edward so ist.

Adrienne und ich gingen in die 10. Klasse, und ich konnte nie verstehen, wie sie es wagen konnte, Edward auf unseren Partys anzuschleppen, weil sie wirklich nichts als Ärger davon hatte und beinahe ihren guten Ruf verloren hätte.

Wenn ich jetzt auf das Foto starre, das ich mit dem Nagel an die Wand des Balkons gehämmert habe, dann frage ich mich: Sieht er wirklich so aus, so hübsch, so klug, so melancholisch? Kenne ich ihn überhaupt? Damals, als er noch mit Adrienne zusammen war, hatte er immer dunkle Ringe unter seinen großen hellblauen Augen, er kam uns so oft komisch und verquer vor.

Sie hat uns von seinen schrecklichen Wutanfällen erzählt und dass er ihr sogar schon mal eine reingehauen hätte. Sie erzählte uns von den Briefen, die er ihr schrieb, um sich bei ihr zu entschuldigen, und wir machten uns lustig über die Art, wie er sich bei ihr wieder einschmeicheln wollte. (Aber einmal unterhielt ich mich mit Sabrina, und wir schworen uns, niemandem zu sagen, dass wir noch niemals solche Briefe bekommen hatten, nie, niemals, und dass man glatt eine Ohrfeige einstecken könnte, um nachher diese Briefe zu lesen.)

⟫⟫ *Edward ist schön!*

Warum soll ich nicht aufschreiben, dass Edward schön ist? Er ist schön! (Und ich bin noch nicht so betrunken, dass ich nicht auf meinem Laptop eine versteckte Datei einrichten kann, deren Namen «Teufel» niemand kennt außer mir.)
Edward ist schön. Vielleicht muss man wissen und auch hinnehmen, dass er ein bisschen verrückt ist, um zu erkennen, dass er schön ist. Auf dem Foto hat er seine dicken Haare kurz geschnitten und blau gefärbt. Von schräg unten guckt er mich an, vollkommen selbstsicher, mit einem melancholischen Lächeln, das sagt: «Ich finde das, was ihr nicht mal sucht!»

Ach. Ach! Ich habe Liebeskummer.
Und mein letztes Bier ausgetrunken.

⟫⟫ *Hey, guck dir meine Krücken an*

Vor zwei Wochen, sechs Tage bevor ich meinen Umzug organisieren musste, sechs Tage bevor ich aus Simons Wohnung ausgezogen bin, um mein Freiwilliges Soziales Jahr mit Behinderten anzufangen, in einem anderen Leben fast, da war es, dass ich vollkommen ahnungslos der Liebe entgegenstolperte (und ich danke ja Gott – auf Knien würde ich ihm danken, wenn ich in der Lage wäre, mich mit meinem kaputten Knie hinzuknien – ich danke Gott, dass er mir das vergönnt hat!).

Aus einem dumpfen, unbestimmten Gefühl heraus ahnte Simon, dass es nicht besonders lustig sein würde, mit mir allein nach Holland zu fahren. Er hatte Angst, zurecht, dass ich vorhätte, ihn zu «vergewaltigen», nicht in Wirklichkeit natürlich, darüber würde er sich ja freuen, nein, vergewaltigen mit Fragen, mit Gesprächen über seine komische Beziehung zu mir.

«Simon, lass es!», sage ich. «Du bist ein toller Freund, aber bitte hör auf, mich zu lieben! Hör auf, mich zu küssen, wenn ich betrunken bin! Such dir eine, die dich liebt, nein, bleib bei mir, ach, geh deiner Wege, was willst du eigentlich von mir?» Simon will mich heiraten.

Manchmal, tatsächlich, denke ich sogar darüber nach, ob es nicht wirklich das Beste wäre, Simon zu heiraten, irgendwie zwei Kinder mit ihm zu bekommen und mir so eine gesicherte Existenz zu verdienen.

Und manchmal hasse ich ihn dafür, dass er so stur an mir festhält, ein Freund ohne Aussicht darauf, jemals der Geliebte zu werden. Und dass er immer wieder wagt zu sagen, irgendwann wird er mich doch heiraten, aber sowieso erst dann, wenn ich auf eigenen Füßen stehen kann. Und mir ein schlechtes Gewissen macht.

«Hey, Junge, laber nicht so einen Scheiß daher. Guck dir lieber meine Krücken an! Glaubst du wirklich, du weißt, mit wem du es zu tun hast?»

Feigling! (Liebling, treuer Erretter!) Feigling.

Er war es, der Edward eingeladen hatte, an die Nordsee mitzukommen. Simon.

Der brave Simon

Simon ist mir ein Rätsel, und das, obwohl ich ihn so gut kenne und er eigentlich immer an meiner Seite ist. Er tut nichts für sich, er tut immer nur alles für die anderen, und manchmal ist es gerade deshalb so, als würde er gar nicht wirklich existieren. Nicht nur mir ist er ein Rätsel, sondern auch seinen Eltern und sogar seinen nächsten Freunden, zu denen, eigenartigerweise, immer auch Edward gehörte.

Niemand von uns kann zum Beispiel richtig begreifen, warum Simon die ganze 13. Klasse hindurch mit Hasch und Tabletten gedealt hat, ohne übrigens jemals aufzufallen, geschweige denn erwischt zu werden. Ihm selbst lag nur wenig an Drogen, und es ging sogar das Gerücht um, er würde seine Einnahmen mit seinem großen Bruder teilen, den alle nur «Windei» nannten, ein harmloser Trottel, arbeitslos, der es selbst mit der Dealerei versucht hatte und sich dabei so gefährlich blöd anstellte, dass Simon ihm vorschlug, die Sache zu übernehmen: «Wenn du mir versprichst, nicht mehr zu dealen, dann tu ich es für dich, denn mir kann nichts geschehen.»

Er ließ sich das Zeug kiloweise von Oberdealer Kunert aus Holland mitbringen und betrieb einen schwunghaften Handel, mit Buchführung sogar und allem Drum und Dran.

Immer sah Simon gut aus, höchstens, dass er montags mal das Rasieren vergaß. An den Wochenenden machte er Party wie wir alle, aber irgendwie glitt der Rausch an ihm ab. Die Drogen konnten ihm nichts anhaben, ich glaube fast, er nahm sie nur, um nicht als ein Schwein dazustehen, das Drogen verkauft, ohne selbst welche zu nehmen.

Einmal kamen sogar die Bullen an unsere Schule. Sie hatten Hinweise gefunden, als Kunert aufgeflogen war. Der wohnte nicht in unserer Stadt, sondern im Nachbardorf, in einem Gartenhäuschen. Mein Gott, das war eine seltsame Zeit, als wir alle uns immer in der Küche vom kleinen, verschwitzten Kunert drängelten. Er hat ja keine großen Geschäfte gemacht und nur an Leute verkauft, die älter als 16 waren, und eben an ein paar von den Älteren, auch an Simon, seine Importe fast zum Selbstkostenpreis abgegeben. Im Grunde tat er mir Leid, er kam sich so großartig vor und redete sich ein, wir kämen, weil wir ihn verehrten und als eine Art Vorbild ansahen, dabei war sein Gartenhäuschen eher eine Art Hasch-Absteige.

Wir kamen in Henskes Schrottkiste angefahren und standen kichernd vor der grünen Tür, schubsten uns und drängelten uns dann alle auf einen Schlag rein, wenn Kunert, blödsinnig grinsend, die Tür öffnete. In der Küche stand der Gartentisch mit den angerosteten Metallbeinen und drum herum zusammengesammelte Klappstühle. Wir spielten Schafsbock. Wer gewinnt, kriegt ein paar Krümel aus Kunerts Vorrat, wer verliert, «muss» einen Zug aus der Kick nehmen. Adrienne, Sabrina und ich, wir waren manchmal so grauenhaft breit, dass wir immer noch Station am Alten Hafen machen und unsere Füße ins Wasser halten mussten, bevor wir nach Hause gehen konnten. Natürlich haben sich Kunerts Nachbarn irgendwann ganz entschieden beschwert. Sie dachten, er hätte eine illegale Kneipe aufgemacht.

Hansi haben sie damals erwischt, und die Reimann-Zwillinge haben sie erwischt, aber von Simon war kein einziges Mal auch nur die Rede gewesen. Als seine Mutter ihn endlich mal fragte, woher er eigentlich die Stereoanlage, den Videorecorder und den großen Fernseher hatte, da gab er einfach alles zu, sagte: «Reg dich nicht auf, ich hör damit auf, ich mach jetzt Abitur.» Und so war es auch.

Simon, Mädchenschwarm, bei mir blieb er

Simon war ein Jahr älter als die meisten in unserer Clique, und eine Zeit lang zählte er zu den begehrtesten Jungen der ganzen Schule. Die anderen, die mit Drogen handelten, sie bekamen dadurch etwas Schmieriges, sie ähnelten alle irgendwie dem Schlemihl aus der Sesamstraße, der «Pssst» zischt und «Hey, duuuu» und dann seine Ware im halb geöffneten Mantel anbietet. Simon aber schien unantastbar über den (schmutzigen) Dingen zu stehen.

Viele Mädchen schwärmten von ihm, aber sie dachten alle, dass er sie ganz bestimmt abweisen würde. Und deshalb, es ist wirklich komisch, deshalb gehörte gerade der begehrte Simon zu den wenigen Jungen, die fast nie in irgendwelche Partyknutschereien verwickelt wurden.

Was mich betrifft, ich war gerade hängen geblieben und sah nur noch eine Chance, mein Selbstbewusstsein wieder aufzurichten: Ich musste diesen Unerreichbaren verführen! Alle sagten, das wäre hoffnungslos, dabei war es ein Kinderspiel. Er schien nur darauf gewartet zu haben, dass sich endlich mal eine traut, ihn rumzukriegen (die Einzige, die nicht wirklich was von ihm wollte ...).

Oder hatte er vielleicht sogar auf mich gewartet?

Jedenfalls, wir blieben zusammen – oder besser: Er blieb bei mir.

Und dann, was war dann? Nach kürzester Zeit verschenkte er alle seine Drogenvorräte und hing die Dealerei für immer an den Nagel. Er kritisierte an mir rum, wenn ich zu bekifft war, um in der Schule noch was mitzukriegen, und er sagte, dass er mich heiraten will, aber nur, wenn ich lerne auf eigenen Füßen zu stehen. (Diesen Satz werde ich nie vergessen, nie verzeihen!)

»» *Simon, der Retter*

Wenn ich es recht bedenke, dann ist es mir erst vor kurzem richtig aufgefallen, dass sein Blick nur sehr selten weich wird, obwohl er eigentlich ein eher weiches, fast kindlich harmloses Gesicht hat. Es ist mir aufgefallen an dem Tag, als ich auszog und Simon heulte und plötzlich ganz anders aussah als sonst. Angreifbar.

Simon hat geheult und ich auch, aber ich heulte, weil ich so fertig war und nicht wusste, wie ich die ganze Packerei hinkriegen sollte, obwohl ich ja gar nichts rausschleppen konnte, wegen der Krücken. Das hat alles Simon gemacht.

Ich weiß nicht, warum er so heulte, weil ich echt nicht weiß, wie er mich überhaupt in seiner Wohnung ertragen hat. Wie oft habe ich ihn schon gefragt, warum er mich liebt. «Warum liebst du mich?», frage ich ihn fast jeden Tag, und er sagt immer nur: «Keine Ahnung.» Als ich aber auszog, als es schon zu spät war, da hat er gesagt: «Wahrscheinlich liebe ich dich, weil mein Leben sonst zu glatt verlaufen würde. Du bist meine Herausforderung, du bist das einzige Verrückte in meinem Leben.»

Ich glaube, Simon glaubt, dass ich ohne ihn verloren bin. Dass ich zum Beispiel nicht existieren kann, wenn er nicht da ist, um mich morgens im Schlafanzug vor die Tür zu setzen und mir meine Klamotten hinterherzuschmeißen, damit ich rechtzeitig da bin, wo ich hingehen muss.

Simon, wenn du wüsstest, wie oft ich mich gefragt habe, warum ich nicht einfach zu Hause bei Mama geblieben bin. (Aber Mama hätte niemals Edward auf eine Fahrt an die holländische Nordsee mitgenommen.)

Edward

Ich bin tödlich verliebt in Edward.

Palma, wir lieben dich!

Ich verstehe nicht, warum die anderen Mädchen hier ein Soziales Jahr machen. Freiwillig. Klar ist, dass wir von der Betreuungsorganisation total ausgenutzt werden, ja, ich würde sagen, das hat sich schon längst zu einer Art moderner Sklaverei entwickelt. Dass dieses triste vierstöckige Gebäude ausgerechnet am Rande des Industriegebietes steht, passt ganz ausgezeichnet. Wir sind die zusammengepferchte Arbeitskolonne für eine Organisation, die sich totlacht über all die guten Gründe, die uns dazu bringen, für Kost (Mineralwasser, soviel wir wollen), Logis (jeweils acht Jungs oder acht Mädchen in jedem Stockwerk mit den 10-Quadratmeter-Zimmern) und Taschengeld (sprich: Busfahrkarte) ein Jahr lang so zu schuften, dass andere Leute einen gut bezahlten Platz im Büro haben, von dem aus sie uns herumkommandieren. Ich hab's den anderen Mädchen erklärt, gestern, als wir wieder in unserer Küche hockten. FSJ, Freiwilliges Soziales Jahr! Sie haben noch nicht mal eine Sprecherin gewählt, obwohl wir das eigentlich dürfen, und ich wollte sie mal ein bisschen aufrütteln. Um genau zu sein, ich wollte unbedingt Eindruck machen, einen möglichst coolen Eindruck. Ich weiß ja, dass ich ein Außenseiter unter diesen Mädchen bin. Wer arbeitet schon freiwillig mit Behinderten, außer brave, zielstrebige Vegetarier, die irgendwann Krankenschwester oder Kinderärztin werden wollen, gute Menschen, die keine Ahnung von den echten Härten des Lebens haben. Die kippen vom Hocker, wenn ich das Maul nicht halten kann und aus meinem Leben plaudere.

Zuerst haben sie sich über mich lustig gemacht, vor allem Sarah, von der ich wünschte, sie würde nicht in unserem Stock wohnen, weil sie so unglaublich gut aussieht und außerdem all die Bücher in ihrem Zimmer herumliegen hat, von denen meine Mutter immer sagt, ich müsste sie unbedingt lesen, wenn ich nicht verkümmern will. Sarah nahm sich noch ein Bier aus der Aldipalette, die Lucie-der-gute-Engel auf meine Kosten mitgebracht hatte, und meinte: «Du bist witzig! Bist doch erst fünf Tage hier und hast noch keinen Finger krumm gemacht.»

Sie blinzelt den anderen zu, und alle kichern, aber

das macht mir nichts aus, ich bin schon in Fahrt gekommen.

«Wieso guckt sogar ihr mich schräg an, als wäre ich eine defekte Maschine, die dringend repariert werden muss», kontere ich. «Ihr seid vom System infiziert, ohne es zu merken. Ihr lasst euch ausbeuten für das Gefühl, gute und gut funktionierende Menschen zu sein! Prost – das Gefühl brauche ich nicht!»

Jetzt lachen sie aber gewaltig los, klar, das war beabsichtigt. Vorgestern bin ich nämlich in die Küche gekommen, ohne Krücken, dafür aber in der einen Hand eine Flasche Baileys und in der anderen ein schwarzes Metallmonstrum, das aussieht wie das Arbeitsgerät einer Domina.

«Ihr müsst mit mir anstoßen, Mädchen!», sagte ich. «Einen darauf, dass ich die verdammten Krücken los bin, und einen Zweiten, dass ich diese Beinschiene ganz bestimmt nicht tragen werde!»

Ich hätte mich bestimmt nicht so aufgeführt, wenn ich nicht tot-totunglücklich gewesen wäre, weil Edward nicht angerufen hat und weil mir klar geworden war, dass mir nichts anderes übrig bleiben würde, als ihn zuerst anzurufen. Er hat ja meine Telefonnummer gar nicht und noch nicht mal die Adresse vom Schwesternheim. Er wird mit gutem Gewissen sagen können, dass er weder meine Mutter noch Simon danach fragen konnte, und gerade der Umstand, dass ich mich nicht gemeldet habe, wird ihm meine kleinlichen Ängste verraten.

Edward!

Ich an deiner Stelle hätte Himmel und Erde in Bewegung gesetzt, um mich zu erreichen! Ich wäre in diese Stadt gefahren und hätte mich durchgefragt, von Haus zu Haus, selbst mit meinen Krücken hätte ich das getan, nur um Palma zu beweisen, dass sie wirklich keine Angst zu haben braucht. Ich an deiner Stelle, ich hätte es nicht als selbstverständlich hingenommen, dass ich es war, die zuerst und von ganzem Herzen sagte: Ich liebe dich!

«Prost, Mädchen! Ich bin gesund!», rief ich, und zum Beweis stellte ich mich mit einem Glas Baileys auf einen Küchenstuhl. «An die Arbeit!», rief ich, drehte mich einmal um mich selbst und kippte um.

Wir kriegten alle einen Lachkrampf, es war wirklich lustig, aber als ich wieder aufstehen wollte, da ging es nicht!

«Lucie, du guter Engel, würdest du mir bitte meine Krücken holen? Du erkennst sie an den knallorangen Griffen, sie müssten in der Lücke zwischen Schrank und Tür stehen.»

«O Palma!», sagt Sarah jetzt. «Wir lieben dich! Ist jemand dagegen, dass wir sie zur Sprecherin wählen?»

Palmas Spezialwecker

Es geht übrigens schon wieder mit den Krücken beziehungsweise ohne sie, wenn ich ganz vorsichtig bin. Und es ist auch gar nicht wahr, dass ich keinen Finger gerührt hätte, denn ich bin schon zweimal mit Lucie mitgegangen, die mich bei meiner zukünftigen «Klientin» Jessika eingewiesen hat. Das waren Zehn-Stunden-Dienste! Und sie waren hart, obwohl ich immer früher gehen konnte, wegen der Krankengymnastik (zu der ich aber nicht angetreten bin).

Morgens um sechs muss ich raus, und bis jetzt habe ich es auch immer geschafft, mit Hilfe meiner genialen Erfindung nämlich, einem dreistufigen Spezialwecker:

Nummer eins klingelt nur aus sentimentalen Gründen, mein kleiner Reisewecker, den mir Mama zum 18. Geburtstag geschenkt hat und den ich seltsamerweise noch nicht verloren habe.

Nummer zwei ist der Radiowecker, der allerdings immer zu leise eingestellt ist, weil ich vorm Schlafengehen immer noch Radio Eins live höre, die Talk-Sendung mit Domian, diesem sanften großen Bruder, den ich zutiefst bestaune. Selbst den abgedrehtesten Anrufern vermittelt er das Gefühl, kein Problem wäre zu pervers, zu absurd oder schrecklich, um nicht wenigstens der Weltbelehrung dienen zu können. Die Sendung läuft gleichzeitig noch im Fernsehen, wo man sieht, wie er gelassen erwartungsvoll in seinem kargen Studio sitzt und niemals länger als eine Viertelsekunde zögert, um in heimeliger Öffentlichkeit auf die Schrecken des Lebens mit einer passenden Nachfrage reagieren zu können (ich bewundere und verachte ihn zugleich für die schamlose Anwendung dieser Fähigkeit).

Wecker Nummer drei ist so groß wie der Vollmond am Himmel, wie der Mond über dem Nordseehimmel, als Edward und ich uns schließlich zu Simon in den Schlafsack quetschten, und er steht in einem Suppenteller, in dem zwei Esslöffel und ein Messer liegen, die mich durch ihr gewaltiges Geschepper auf den piependen Reisewecker und das quakende Radio aufmerksam machen.

Ohne Frühstück bin ich mit Lucie mitgehetzt, um den Bus zu erwischen, der wahrscheinlich extra unseres Arbeitslagers wegen direkt vor der Tür in Richtung Stadt eingesetzt wird und fast eine Stunde braucht, um uns in der asozialen Hochhausgegend abzusetzen, unserem bevorzugten Einsatzgebiet.

»»» Bist du männlich, jung, stark und schön?

Jessika ist das ärmste Schwein, dem ich jemals in meinem Leben begegnet bin. Sie hängt wie eine abgelegte Marionette in ihrem Rollstuhl und kann nichts anderes bewegen als ihren Kopf, wobei man leider nicht erkennen kann, ob diese Bewegung ein Nicken oder

Schütteln sein soll. Sprechen kann sie auch nicht. Wenn sie was sagen will, dann klingt es so wie das Würgen einer Geisel, der man einen Socken in den Mund gestopft hat. Ihre jüngere Schwester hat mir Jessikas Anrufbeantworter vorgeführt, den natürlich die Schwester besprochen hat: «Bist du männlich, jung, stark und schön? Dann lass mich deine Stimme hören. Alle anderen können auflegen!»

Ich fragte Jessikas Schwester, warum sie eine so fiese Ansage gemacht hat, aber Jessika würgte, weil sie selbst antworten wollte, und Lucie schob sie zu ihrem Spezialcomputer, den Jessika mittels eines Mundgestells bedienen kann: «Ich will das so!», schrieb sie, und das Schreiben dauerte leider ewig, sodass ich erst mal nicht wagte, ihr weitere Fragen zu stellen.

Ihre Schwester meinte, Jessika würde samstags immer in die Disco gefahren werden wollen, und manchmal nimmt sie sie auch mit. Dann steht Jessika auf der Tanzfläche in ihrem Rollstuhl und wackelt oder nickt mit dem Kopf zur Musik. «Ich bin glücklich!», schreibt sie.

Wenn sie nicht gelähmt wäre, mit diesem blöde verzerrten Gesichtsausdruck, dann könnte sie wirklich hübsch aussehen. Sie hat ganz lange schwarze Haare und tiefdunkle Augen, die natürlich sehr traurig gucken, aber auch klug. Ihre Haut ist so schön, dass es geradezu schade drum ist, denn wer würde sie mit echter Zärtlichkeit berühren? Ihre Schwester bestimmt nicht, die mag sie nicht, das merkt man gleich. Sie kommt auch nur einmal am Tag vorbei.

Lucie zeigte mir alles, was ich zu tun haben würde, aber dazu kann ich im Moment nur so viel sagen: Mir graust es vor meinem ersten Dienst, den ich allein durchstehen muss!

»»*Meine Hand neben seiner Hand im weißen Sand*

Und jetzt, Palma, geh in dich und frage dich, ob du ohne Edward weiterleben willst! Wenn ich ihn nicht spätestens morgen angerufen habe, war das dann vielleicht alles nur ein Rausch? So, wie alle meine Affären immer nur ein Rausch waren, schön und nichts sagend in einem, ein Name mehr in meinem «Buch der lächerlichen Liebe»? Vom unverdrossen treuen Simon mal abgesehen.

Kann man sich denn mit Edward was beweisen?

Am ersten Abend an der holländischen See und auch den ganzen nächsten Tag, fast die ganze nächste Nacht sogar, habe ich ihn noch nicht mal geküsst. Ich dachte überhaupt nicht ans Küssen, obwohl es tausend Möglichkeiten gegeben hätte, denn Simon musste ständig pinkeln, und schließlich übergab er sich, kroch in den Schlafsack und schnarchte friedlich vor sich hin.

Wir hatten unser Ohnezeltlager am Strand aufgeschlagen. Als wir ankamen, war Ebbe. Wir, das heißt Simon und Edward, schleppten das Bier, die Schlafsäcke und die Rucksäcke in Richtung Meer. Alkohol ist ein Wundermittel! Als wir den ersten Kasten Bier geleert hatten, beschlossen wir, einen Spaziergang zu machen, und noch immer kann ich es nicht fassen, dass das überhaupt kein Problem für mich war. Ich hopste fröhlich durch den mullerigen Sand, und wenn ich mal wankte, dann hielt mich entweder Simon oder, was ich schon zu diesem Zeitpunkt spannend fand, Edward. Wir, das heißt Edward und ich, unterhielten uns die ganze Zeit – über Primzahlen! Und als wir zurückkamen, da war Flut! Der leere Kasten Bier und all die rumliegenden Bierflaschen waren weg und Edwards und mein Schlafsack und Edwards Rucksack, weg, einfach weggeschwemmt!

«Glück im Unglück», meinte Edward, zog den vollen Bierkasten auf sicheres Land, und wir saßen am Meeresrand die ganze Nacht. Ich dachte nur: «Kann, kann es sein, dass ich mit Absicht meine Hand in der Nähe von Edwards Hand aufstütze, in den weichen, weißen Sand?»

Kann, kann es sein, dass es mir was bedeutet, dass dieser abgedrehte Junge, dessen Name wie ein komischer Irrtum in meiner Liebesliste stehen würde, mit Absicht seine Hand neben meiner Hand aufstützt?

Simon, der Rechthaber

Ich hatte weiß Gott nicht dafür plädiert, dass Edward mitkommt nach Holland. Ich hatte es nur fatalistisch hingenommen, weil mir eh alles egal war, seitdem Simon gesagt hatte, es käme mir doch gerade recht, die Sache mit meinem Knie. Simon war durch nichts dazu zu bewegen, mich zu bemitleiden und mich so zu pflegen, wie es sich gehört, wenn die Frau, die man zu lieben behauptet, schwer verletzt aus einem Wochenende zurückkommt.

«Das ist ja wohl echt 'ne miese Tour», meinte er. «Typisch Palma! Du traust dich nicht, deiner Mutter zu sagen, dass sie dir 'ne andere Schule bezahlen soll, statt dich zu diesem Sozialen Jahr zu zwingen. Lieber lässt du dich besoffen von einem geklauten Fahrrad fallen und hoffst, um alles rumzukommen!»

Das war gemein.

Vor allem deshalb, weil Simon nicht ganz falsch lag.

Ich hatte zwar allen meinen Leuten erzählt, dass ich jetzt zur Fraktion der guten Menschen übergelaufen sei und es echt wichtig fände, erst mal eine soziale Verantwortung zu übernehmen, bevor ich mich beruflich festlege.

«Außerdem bin ich ja nicht mit Simon verheiratet. Ich muss mal raus aus unseren vier Wänden und meine jugendliche Freiheit genießen», so erklärte ich es allen.

In Wirklichkeit hatte Mama gesagt, ihr sei es scheißegal, ob ich zum Sozialamt renne und sie nachher verklage, von ihr bekäme ich keinen Pfennig mehr, Schluss, aus, vorbei!

Simon wollte nicht, dass ich wegziehe, aber er ließ sich trotzdem nicht die Gelegenheit entgehen, den großen Erzieher zu spielen. «Steh auf!», sagte er. «Steh endlich auf!»

Aber ich konnte ja wirklich nicht stehen! Es war ja wirklich so schlimm!

Ich hatte nur noch die Wahl, betteln zu gehen oder Behinderte zu pflegen. Ich hatte die Wahl zwischen Krücken mit grauen und solchen mit knallorangen Griffen. Ich hatte die Wahl, zu Hause vorm Fernseher liegen zu bleiben oder mit nach Holland zu fahren, inzwischen fast nur noch als Anhängsel, denn Simon hatte Edward gefragt, ob er statt meiner mitkommen wolle.

Edward mit den blauen Haaren

Wir waren uns lange nicht mehr begegnet, Edward und ich. Er studiert inzwischen Mathematik und Philosophie, und mit Adrienne ist er ja schon längst nicht mehr zusammen. Wir holten ihn mit Simons Auto vom Bahnhof ab. Er grinste uns schon von weitem entgegen, in kurzen Hosen, die Haare blau gefärbt. Er schleppte tatsächlich einen ganzen Kasten Bier mit sich herum, sodass wir zwei Kästen parat hatten, als wir unsere Sachen am weiten Strand abluden. Sodass Simon kotzen musste und sich irgendwann in seinen Schlafsack legte, während Edward und ich immer weiter und weiter wach blieben.

Adrienne hatte mir manchmal zu erklären versucht, was ihr so sehr an Edward gefiel.

«Es stimmt ja, er ist unerträglich», hatte sie immer gesagt und war dabei richtig verlegen gewesen, ganz gegen ihre Art. «Ja, ja, ihr habt Recht, ich sollte mich von ihm trennen, aber ...»

Aber.

Aber wenn sie mit ihm allein war, dann hatte sie das Gefühl, ein ganz besonderer Mensch zu sein, und zwar einfach nur deshalb, weil sie noch nie vorher einen Jungen gekannt hatte, den sie nicht nur gerne küsste, sondern mit dem sie auch über wirklich kluge Dinge reden konnte.

«Bei den meisten Jungs fragst du dich, ob sie überhaupt irgendeinen Freund haben», sagte sie. «Du fragst dich, ob sie nur mit dir nicht reden können, oder ob sie einfach niemanden auf der Welt haben, mit dem sie reden. Reden, so, wie du und ich reden. So, wie es sich gehört. Über alles. Haben Jungs überhaupt einen Freund, fragst du dich. Ich bin nicht nur Edwards Freundin. Ich bin auch Edwards Freund.»

❯❯ ❯❯ *Edward, meine beste Freundin*

Ich erinnere mich gut an Adriennes Worte und nicht nur deshalb, weil sie tausendmal so geredet hat, vielleicht ja nur, um nicht zu blöd dazustehen, wenn Edward sie mal wieder vor allen Leuten anschrie oder auf einer Party vollkommen betrunken wie aus Versehen irgendein anderes Mädchen abknutschte oder, am schlimmsten von allem, laberte, laberte, laberte und wahnsinnig wütend wurde, wenn jemand irgendwann zwangsläufig sagte: «Halt's Maul, Edward, es reicht!»
Als Edward und ich die ganze Nacht am holländischen Strand zusammen waren, da hatte ich das Gefühl: «Er ist so, wie nur die allerbeste Freundin sein kann.» Die allerbeste Freundin, die ich nicht mehr habe.

❯❯ ❯❯ *Mein Leben ist schön!*

Lucie-der-gute-Engel hat mich heute das erste Mal allein bei Jessika zurückgelassen. Zuerst war Jessikas Schwester auch noch dabei. Sie sagte: «Lass dich bloß nicht von ihr rumkommandieren. Sie ist 'ne blöde Kuh, das wirst du schon sehen, wegen jeder Kleinigkeit lässt sie dich springen. Ich bin echt froh, dass ich das nicht machen muss, nicht für 5000 Mark würde ich das aushalten.»

Jessika gab grunzende Geräusche von sich. Ganz klar, sie wollte zu ihrem Computer geschoben werden, um sich zu verteidigen.

«Mach das bloß nicht!», meinte die Schwester. «Außer, du willst dich die nächsten zwei Stunden mit ihrem Gesülze abgeben.»

Mann, im Nachhinein merke ich erst, wie grausam die Schwester war. Heute Morgen, da dachte ich noch: «Cool, sie redet einfach ganz genau so, wie normale Schwestern eben zusammen reden.»

Später schob ich Jessika natürlich doch zu ihrem Computer und steckte ihr das Gestell zum Schreiben zwischen die Zähne. Herrje, ich kann nicht begreifen, wie sie es geschafft hat, ein ganzes Buch zu schreiben! Hat sie. «Mein Leben ist schön!» heißt es und ist in irgend so einem christlichen Verlag erschienen. Sie hat mir das Buch geschenkt, als ich ging. Ich stand neben ihr und sah zu, wie sie zitternd und schwitzend das Gestell über den extragroßen Tasten kreisen ließ, um dann mit einem konzentrierten Ruck runterzustoßen. ICH KANN IHR VERZEIHEN – für diesen Satz brauchte sie ungefähr fünf Minuten, und sie ließ es sich auch nicht gefallen, dass ich die Tasten für sie drücken wollte, sobald ich erkannte, welcher Buchstabe als Nächstes dran war.

«Wieso verzeihen?», fragte ich und hatte das Gefühl, ungeheuer schnell zu sprechen. «Warum findest du sie nicht einfach rundherum bescheuert?»

Tja, mit dieser Rückfrage ging es los. Jessika sah mich

mit einem so ernsten Blick an, dass sie mir wie eine Märtyrerin vorkam. Und machte sich wieder an die Schreibarbeit. Ich ließ sie märtyrern und stellte den Fernseher an. Immer wenn Jessika aufstöhnte ging ich zu ihr rüber und las, was sie geschrieben hatte. Und ab und zu schob ich ihr das Mundgestell wieder zurecht.

«ICH WILL LIEBEN», schrieb Jessika. Und dann «unterhielten» wir uns tatsächlich über die Liebe! Sie liebt einen Pfleger, der manchmal Nachtdienst bei ihr hat. Sie behauptet, dass er sie auch liebt. Sie sagte, dass sie Sex mit ihm hat! Und kein Wort davon, dass sie sich doch gar nicht bewegen kann. Der Pfleger ist verheiratet, das scheint ihr einziges Problem zu sein. Dass er ihretwegen seine Frau betrügt.

Ich wollte ihr nicht sagen, wie vollkommen absurd ich die Vorstellung finde, dass jemand freiwillig Sex hat mit einem körperlichen Wrack, wie Jessika es nun mal ist, deshalb erzählte ich ihr von Edward und dass ich gerade dabei bin, meinen Freund Simon mit Edward zu hintergehen, und gar nicht richtig wüsste, ob es mir eigentlich was ausmacht, obwohl Edward und Simon doch sogar Freunde sind. Und schließlich war es so, dass wir fast nur noch von mir redeten.

Sie hat mich richtig ausgefragt. Was mich denn eigentlich mit Simon verbindet. Ob ich gut lügen könnte. Ob Edward gut lügen kann. Ob ich fürchte, dass Simon sich von mir abwendet, wenn die Geschichte mit Edward weitergeht. Und immer hat sie so getan, als könnte man ihre und meine Probleme vergleichen. Schließlich war ich richtig froh, als das total verspätete Essen auf Rädern ankam und ich ihr den Brei reinfüttern musste, auch so eine Quälerei.

Ach, dieser Abend am Meer, als Edward meine Freundin war

In drei Tagen habe ich zwei Tage hintereinander frei. Ich sitze wieder auf dem Balkon und habe die Datei mit dem Kodewort «Teufel» geöffnet. Edward mit dem Nagel im Kopf wippt sanft im Luftzug. Die Tür zum Flur ist offen, damit ich das Telefon höre. Aber ich hoffe nichts mehr. Ich fühle nichts mehr. Bilder ziehen durch mein Gehirn wie ein innerlicher Diavortrag. Ich starre diese Bilder an und warte darauf, dass sie meine Gefühle für Edward wieder erwecken, die sich nämlich schlafen gelegt haben, weil sie so viele Tage hintereinander nicht schlafen konnten und durften.

Edward, wie er in seinem nassen T-Shirt im Sand hockt, mit blauen Lippen, die so blau sind wie seine blau gefärbten Haare.

Wie er sich nackt auszieht und sich dabei nicht wegdreht, sodass ich seinen winzig zusammengeschrumpelten Penis sehe und zwei ebenso winzige Hoden, die mich erinnern an das Poster von Michelangelos Adam, der so unschuldig nackt auf den Felsen liegt, mit seinem männlichen, breiten Oberkörper und dem Penis eines Babys.

Mama hatte das Bild lange über ihrem Schreibtisch hängen.

Edward, der nichts anzuziehen hat, weil sein Rucksack von der Flut weggeschwemmt wurde. Edward, der doch was anzuziehen hat, mein hellgrünes Stretchkleid nämlich, das ich in der Hoffnung auf eine Party mitgenommen hatte, und die goldene Strumpfhose dazu.

Ach, dieser Abend am Meer, als Edward meine Freundin war! Wir drückten auch Simon noch eine Flasche Bier in die Hand, der schon ganz glasige Augen hatte und verständnislos grinste und nicht mitspielen konnte, als wir «Freundinnen» spielten oder genauer gesagt: «Feine Damen»! Wobei Edward natürlich die feinere Dame von uns beiden war.

«O, unsere kleine Simone», sagte er zu Simon, streichelte ihm über den Kopf und sah dabei ernsthaft besorgt aus. «Die kleine Simone hat ein winziges Likörchen zu viel getrunken...»

Wie aufs Stichwort stand Simon auf, kotzte ganz jämmerlich ins Meer und rollte sich vollkommen erschöpft in den einzigen Schlafsack ein.

«Die Arme! Und wie sie schnarcht», sagte ich und streichelte Simon ebenfalls zärtlich über den Kopf. Edward sah mich an, und plötzlich leuchteten seine Augen auf.

«Meine Liebe», sagte er, «erinnere ich mich recht und Sie haben Ihre Lockenwickler in dem übrigens entzückenden Rucksack dabei?» Ich wusste sofort, was er meinte. «Selbstverständlich, Beste», antwortete ich, «ich würde niemals ohne Lockenwickler auf eine Reise gehen.» Ich holte den Beutel mit den Lockenwicklern heraus, rote, grüne, blaue und gelbe. Edward kapierte sofort, wie man sie eindreht, und dann wickelten wir alle Lockenwickler in Simons blondes Haar.

«Sieht er nicht süß aus?», fragte ich, und Simon sah wirklich süß aus, wie eine reizende kleine schlafende Hausfrau.

Edward und ich, wir legten uns mit dem Kopf auf Simons Beine, dicht nebeneinander, aber ohne uns zu berühren, oder wenn, dann nur so beiläufig, wie Adrienne und ich uns beiläufig berührten, wenn wir uns unterhielten. Es war mitten in der Nacht, der Vollmond schien, Edward erzählte mir, dass er dem Geheimnis der Primzahlen auf der Spur ist und an einer Tabelle arbeitet, mit deren Hilfe man den Rhythmus aller nur möglichen Primzahlen errechnen könnte. Er sagte, dass auch jedes Leben einem ganz bestimmten Rhythmus folgt und dass nicht Gott oder das Schicksal, sondern immer eine ganz bestimmte Primzahl diesen Rhythmus bestimmt.

«Und wer bestimmt, welches die richtige Primzahl für dein Leben ist?», fragte ich und erwischte mich dabei, wie ich eine Melodie summte: «O, I don't want to fall in love with you.»

«19», sagte er, «19 ist eine gute Primzahl, und du bist meine Primzahlenprinzessin, Palma Antonia Kessler, 19 Buchstaben, 19 Jahre alt.»

Wir haben uns die ganze Nacht über Gott und die

Primzahlen unterhalten und die leeren Bierflaschen aus dem zweiten Kasten immer über unsere Schulter geworfen. Als schon ein roter Schimmer hinter dem Meer aufzusteigen begann, da quetschten wir uns zu Simon in den Schlafsack, und Edward legte seinen Arm um mich, weil es ja gar nicht anders ging, und noch nie hatte ich so einen Abend mit einem Jungen verbracht, ohne ihn nicht wenigstens zu küssen.

Die Müllhalde

In drei Tagen ist Wochenende, zwei freie Tage hintereinander. Simon wird kommen, Simon, der treu fast jeden Tag angerufen hat, sodass ich jedes Mal einen Schock kriegte, weil es Edward hätte sein können, und «Ja!» ins Telefon schrie, und dann war es wieder nur Simon, der mir eine vernünftige Schreibtischlampe und seinen alten CD-Player mitbringen will. In den Kisten, die ich aus unserer Wohnung hatte rausschleppen lassen, ist ja außer Klamotten und Krimskrams-Müll nichts drin gewesen. Die Klamotten habe ich in den Einbauschrank gestopft. Die Müllkisten stehen an der Wand hochgestapelt.

Kein einziges Möbelstück hier gehört mir, und ich besitze auch sowieso kein einziges brauchbares Möbelstück mehr.

Vor einem Jahr, als ich von zu Hause auszog, zu Simon, nach einem letzten grauenhaften Streit mit meiner Mutter, da sah ich mich in meinem Zimmer um und stellte fest, dass alles, wirklich alles, was mir gehörte, kaputt war. Mein roter Schrank hatte nur noch eine Tür, meine Anlage ließ sich nur noch auf ganz laut stellen, und am Schreibtisch klebte alles fest, weil die Lackdose von Henke darauf umgekippt war. Die Leinensessel eingerissen, der Fernseher runtergestolpert, auf das Bord hatte ich mit Lippenstift lauter Kifferersprüche geschrieben, und für meine elektrische Schreibmaschine konnte ich das Kabel nicht mehr wieder finden. Mein Bett stand noch da, aber, ich weiß nicht warum, ich wollte es nicht mitnehmen.

Auch Simon stand ratlos vor dem Chaos.

Ich war ja seit drei Wochen nicht mehr in meinem Zimmer gewesen, und erst jetzt sah ich, dass es wirklich eine einzige Müllhalde war, nicht übertrieben, es war so. Man konnte keinen Schritt vorwärts gehen, ohne auf irgendwas draufzutreten, wobei es im Grunde egal war, ob man auf irgendwas drauftrat, wie auf einer Müllhalde eben. Ich wollte so schnell wie möglich raus hier, für immer verschwinden und sagte zu Simon: «Heb nur die Klamotten und die CDs auf und dann weg!» Vier blaue Plastiktüten voll und die Kisten, das war's dann.

Zum Schluss ging ich nochmal zu Mama rein, die sich vor ihrem Computer verschanzt hatte, und fragte, ob sie wohl eine Lampe für mich hätte und mir einen ihrer Radiowecker geben könnte. Ihre Augen blickten starr, das weiß ich noch, sie sah schräg an mir vorbei, dann stand sie wortlos auf, ging in ihr Schlafzimmer, zog den Stecker von ihrem uralten Samson-Radiowecker raus, ging zurück auf den Flur und stellte das Radio auf den kleinen roten Tisch. Das Radio hatte sie selbst mal, als sie noch studierte, von Großmutter geschenkt bekommen, damals war es sehr teuer gewesen, und immerhin hat es ja wirklich bisher an die 30 Jahre überlebt. Mama verschwand wieder in ihrem Zimmer, und ich steckte das Radio in eine der vier Plastiktüten. Nach einer Lampe fragte ich nicht mehr.

Simon, der Besitzer

In Simons Wohnung dann, da brauchte ich nichts. Simon hatte alles, gesponsert vom Kleinunternehmerstolz seiner Eltern, die wollten, dass ihre Kinder es einmal besser haben, vor allem Simon, der kein «Windei» war. Sie bezahlten sogar die Miete, obwohl Simon neben seiner Kaufmannslehre längst schon zusammen mit einem Kumpel einen Copyshop aufgemacht hatte. Fast alles, was in unserer Wohnung war, gehörte Simon, «mein» Laptop und eigentlich sogar meine Klamotten, denn die kaufte ich immer mit seiner Kreditkarte ein. Das Geld von Mama reichte gerade für Zigaretten und Pizzaservice. Sie hat mir diese Schule bezahlt, so eine Berufsbildungsschule, ich weiß nicht mal mehr, für was für Berufe eigentlich. Ich war nur drei Monate da, als sie mich auf der Klassenfahrt mit dem LSD erwischten und behaupteten, ich wäre schuld daran gewesen, dass Andrea beinah aus dem Fenster gesprungen wäre.

Ich bin so demoralisiert, dass ich schon froh bin über den treuen Simon, der übermorgen mit einer Lampe kommt.

Sie lebt, und dieser kleine Junge ist tot

Heute Nachmittag, als ich endlich die Tür von Jessikas Wohnung hinter mir schließen konnte, raus, nach draußen, frische Luft, Freiheit, nach Hause in mein Schwesternheim, da gab es einen dumpfen Stoß und etwas krachte, gerade in dem Augenblick, als ich die Tür des Hochhauses aufstieß. Ein Lieferwagen fuhr langsam rückwärts, und dann knackte es, und das war der Schädel eines kleinen Jungen, der da unter den Autorädern zerbrach, ich habe es genau gehört, ich höre es schon den ganzen Abend immer wieder.

Alle Leute kamen aus den Hochhäusern, es war ein türkischer Gemüsehändler, der den Jungen überfahren hatte, und sie alle hätten ihn beinah gelyncht. Aber ich sage: Der Türke konnte nichts dafür! Ich sage das, obwohl ich genau weiß, wie der Junge aussah. So ein kleiner, blasser, blonder Junge mit Mickey-Mouse-T-Shirt. Jeden Tag hockte er auf dem Parkplatz herum, rotznasig und einsam, und kritzelte Bilder auf den Asphalt.

Was kann der türkische Lieferwagenfahrer denn dafür, dass er den Jungen überfahren hat, wenn die Mutter ihr Kind aus der Wohnung schmeißt und durchs ganze Treppenhaus brüllt: «Aber bleib vor der Tür, verstanden?», besoffen oder was weiß ich.

Hier leben nur Proleten. Sie sind fast alle arbeitslos, pennen, saufen, streiten sich, Sozialwohnungen, und die ganzen Pflegefälle dazwischen. Aus den Kindern kann nichts werden, wenn man sie nicht hier rausholt. So oder so zerbricht ihnen der Schädel, und das habe ich auch Sarah gesagt. Ich heulte. Ich sagte: «Was ist das für eine Gesellschaft, in der Kinder, wie dieser kleine Junge, keine Chance bekommen, weil sie Eltern haben, die ihnen ihr Leben versauen. Warum steckt man die Kinder aus solchen Asifamilien nicht in Internate, wo sie eine vernünftige Erziehung bekommen und sich jemand um sie kümmert? Sie könnten nützliche Mitglieder unserer wunderbaren Gesellschaft werden. Man könnte wenigstens gucken, ob sie nützliche Mitglieder werden könnten, theoretisch. Warum werden wir nicht dazu abgeordnet, diese Kinder zu retten, statt Leute wie Jessika über Wasser zu halten, bei denen man doch schon weiß, dass sie niemals was nützen werden. Sie lebt, und dieser kleine Junge ist tot, weil sich keiner um ihn gekümmert hat!»

«Was willst du?», fragte Sarah. «Willst du, dass einige Auserwählte entscheiden, welches Leben lebenswert ist und welches nicht?»

«Nein. Ja. Nein, nicht direkt», sagte ich. «Gehört denn so viel Auserwähltheit dazu, um zu sehen, dass ein gesunder kleiner Junge, der unter nichts anderem leidet als unter den Verhältnissen, in die er reingeboren wurde, dass so einer wichtiger ist als Jessika? Dass man lieber in ihn investieren sollte, das ganze Geld, das Jessikas Leben für die Gesellschaft kostet?»

Ich trank meine Dose Bier in einem Zug aus und guckte dabei an die Resopaldecke mit ihren blöden unregelmäßigen Löchern, um nicht zu sehen, wie Sarah ihren Kopf in die Hand stützte und mich nachdenklich anguckte. Ich hasse es, wenn Leute im Ernst über das nachdenken, was ich gerade gesagt habe. Am liebsten ist mir, sie steigen unkompliziert darauf ein, Pro oder Kontra, das ist mir egal, Hauptsache das Gespräch oder der Schlagabtausch geht weiter, Hauptsache, es gibt nicht dieses Stocken, diese unausgesprochene Frage, die ja nur dann schrecklich ist, wenn sie unausgesprochen bleibt: «Weißt du eigentlich, was du da sagst?»

»» *Dass sich jemand um mich kümmert*

«Ich muss gerade an Dostojewski denken», sagte Sarah. «Kennst du das Buch *Schuld und Sühne?* (Nein, nein, verdammt nochmal, nein, ich kenne es nicht, obwohl ich es kennen könnte, denn Mama hat es mir geschenkt und mir die ersten Seiten vorgelesen, und wenn sie es zu Ende vorgelesen hätte, dann würde ich es jetzt kennen, aber ich kann nicht lesen, ich halte es nicht durch, ich kaue mir sämtliche Fingernägel ab und springe zwischendurch auf, weil es viel zu lange dauert, bis die verrückten Leute in Mamas Büchern endlich das tun, was sie von Anfang an hätten tun sollen.)

«Das Buch handelt von einem, der fast genau so denkt wie du», sagte Sarah. «Er glaubt, dass er ein ganz toller Kerl sein könnte, wenn er nur Geld zum Studieren hätte. Er sieht, dass tausend andere Menschen Geld haben, ohne jemals tolle Kerle werden zu können. Die ganze Zeit überlegt er, ob er das Recht hat, eine alte böse Pfandleiherin umzubringen und zu berauben, damit sein eigenes Leben nicht verpfuscht wird.»

«Und?», fragte ich, betont gleichgültig.

«Er bringt die Alte um.»

«Und?», fragte ich wieder. «Was habe ich denn mit dem Mörder einer alten Pfandleiherin zu tun? Ich bin gar nicht gegen alte Leute. Die haben ihren Teil geleistet, sie haben sich ihre Pflegeversicherung verdient, jedenfalls die meisten. Ich finde höchstens, man hätte diesem Typ aus dem Buch das Geld geben sollen, das jetzt von unseren Steuern für Jessika ausgegeben wird.»

Denkt sie etwa, ICH will das Geld haben, das für Jessika ausgegeben wird?

«Und Jessika soll abkratzen?», fragte sie ruhig.

«Sie hätte im Grunde gar nicht erst geboren werden sollen.»

«Aber sie ist geboren und in der Welt und braucht ganz offensichtlich Hilfe.»

«Ach, Sarah, auf der ganzen Welt leben Menschen, die Hilfe brauchen.»

Ich war verzweifelt, ich bin es noch. Jessika macht mich wahnsinnig. Ich will nicht zu ihr zurück und mich um ihre Aussichtslosigkeit kümmern. Ich will, dass sich jemand um mich kümmert.

Edward aber schweigt

Edward aber schweigt.
Er fror so fürchterlich, damals, vor langer Zeit am Nordseestrand, seine Lippen waren genauso blau wie seine blau gefärbten Haare.

»» *Warte mal, ich hole meine Zigaretten*

Und jetzt zittert meine Hand fast so wie Jessikas Kopf, wenn sie versucht, die Tasten ihres Computers mit dem Mundgestell zu treffen. Gerade eben hat Edward angerufen. Eins der Mädchen hat mich rangeholt, frag mich nicht wer, ich bin, ich bin – glücklich?

Edward, Edward, der du da hangest, er hat angerufen. Und als er meine Stimme hörte, da hat er angefangen zu weinen! Immer nur an mich gedacht, sagte er. Und wenn nicht an mich gedacht, dann nur, um sich zu erholen vom Denken an mich.

«Wenn ich denke, dann denke ich an dich, und wenn ich nicht denke, dann erhole ich mich vom Denken an dich», so hat er es gesagt, so poetisch, obwohl er vollkommen betrunken war, ganz anders betrunken als in der Nordseenacht und in den Nächten in Amsterdam. Er war besoffen. Wie auf den Partys, wo ihn am Ende niemand mehr ertragen konnte, nur redete er nicht über irgendwelche Philosophien, sondern über mich und über sich und über die Liebe. Ich konnte ihn überhaupt nichts fragen, aber das war auch nicht nötig, denn alles, was ich hätte fragen können, beantwortete er von allein, ohne eine Pause, als würden seine Worte an einer langen schweren Kette hängen, die unaufhaltsam aus seinem Mund gleitet, immer schneller und schneller. Ich saß mit dem Hörer in der Hand auf dem Flur des Wohnheimes, und mein Ohr wurde ganz heiß von diesen Worten. Ich konnte nicht mal rauchen, weil ich die Zigaretten in meinem Zimmer liegen gelassen hatte und es unmöglich war zu sagen: «Warte mal, ich hole meine Zigaretten.»

Er sagte, dass er vor einer Entscheidung steht, denn die Liebe wäre kein Überfall auf die Seele, sie wäre eine Entscheidungssache, «Ja, ja» oder «Nein, nein» müsste man zur Liebe sagen. Er hat Angst, hat er gesagt, weil er glaubt, dass ich die Liebe nicht ernst nehmen kann, aber er würde spüren, dass es zwischen ihm und mir um die Liebe geht.

«Es könnte um die Liebe gehen», sagte er, und dann fing er doch an zu philosophieren, über irgendeinen französischen Philosophen, und ich hörte einfach nur noch auf seine Stimme, die manchmal weglief und sich wieder einfing und zwischendurch plötzlich so rau klang wie in Amsterdam, als er mir ins Ohr flüsterte, dass er hier und jetzt und auf der Stelle mit mir schlafen will, in der Ecke hinter der Kirche, auf der Toilette vom Coffeeshop, an einem Baum unten an der Gracht.

«Edward», sagte ich mit dem so genannten Mut der Verzweiflung. «Du Idiot! Warum hast du nicht angerufen? Warum kommst du nicht einfach vorbei? Mach es nicht so kompliziert und komm – einfach – vorbei!»

Er wird kommen, am Wochenende, wenn auch Simon kommt. (Und von Simon hat er kein Wort gesagt.)

»» *Erklär mir, Liebe,*
was ich nicht erklären kann (1)

In Amsterdam war alles so einfach gewesen. So leicht, so schwebend leicht, und das, obwohl ich an Krücken ging, kilometerweit, ohne, fast ohne zu merken, dass ich Blasen bekam an meinen Handballen. Wir haben überhaupt nicht geschlafen in den drei Nächten. Jeden Abend war es so gewesen, dass Simon sich betrank und wir ihn in die kleine Vorstadtpension zurückschleppten und ich nicht darüber nachdenken wollte, warum das so war. Wir zogen ihn aus, deckten ihn zu, gaben ihm jeder ein Küsschen und gingen zum Bahnhof, um den letzten Vorstadtzug nach Amsterdam zu nehmen. Morgens zum Frühstück kamen wir zurück.

«Erklär mir, Liebe, was ich nicht erklären kann.» Das ist eine Gedichtzeile, die Edward mir ins Ohr geflüstert hat. Ich weiß noch genau, wann er es tat, natürlich weiß ich es noch genau. Und zuerst hatte ich es völlig falsch verstanden.

Die Brüder Löwenherz

Wir saßen in einer dieser Kneipen, die überall gleich sind, Holztische, Kerzen, alte Filmposter an der Wand und auf der Speisekarte Maissalat und Baguette. Wir saßen uns gegenüber. Ich hatte meine Beine auf einen Stuhl gelegt und war vollkommen entspannt, obwohl wir mindestens fünf Dosen Red Bull getrunken hatten, so ein Schwachsinn, in der ersten Nacht dachten wir noch, wir brauchen Red Bull, um uns wach zu halten.

Ich war entspannt, weil ich so zufrieden war. Ich war so zufrieden, weil ich so friedlich war, voller Frieden. Wir hatten so viel Bier getrunken, den ganzen Tag, die ganze Nacht, und immer noch konnte ich auf meinen Krücken gehen. Wir hatten so viel geredet, den ganzen Tag, die ganze Nacht, und immer noch redeten wir weiter. Und zwar über Dinge, über die ich mich schon ewig nicht mehr unterhalten hatte. Über die Bücher von Astrid Lindgren zum Beispiel. Wir sagten nicht, dass unsere Kindheit ohne diese Bücher unerträglich gewesen wäre, aber wir erzählten uns stundenlang den Inhalt, immer abwechselnd, um die Wette, «Madita» und «Ronja Räubertochter», «Karlsson vom Dach» und «Michel aus Lönneberga», «Mio, mein Mio» und das wunderbarste Buch von allen: «Die Brüder Löwenherz».

Einmal hatte Edward die Brüder Löwenherz in einer Buchhandlung aufgeschlagen. Er setzte sich auf eine

Stufe und fing an zu lesen, vom kleinen Krümel, der verkrüppelt und schwach ist, und wie ihn Jonathan, der große schöne starke Bruder, vor dem Feuer rettet und mit ihm aus dem Fenster springt und für Krümel stirbt, obwohl doch Krümel sowieso bald sterben muss.

Während Edward redete, sah ich die Zeichnungen aus dem Buch vor mir, Krümel, der nicht gehen kann, und Jonathan mit dem edlen, sanften Gesicht, der sich auf das Holzbett zu seinem kleinen Bruder setzt, ein schwedischer Flickenteppich liegt davor, und er beugt sich leicht zu Krümel herunter und erzählt ihm vom Land Nangijala, wo Krümel ankommen wird, wenn er gestorben ist, und warten soll, bis auch Jonathan kommt – ich konnte nicht anders, mir stieg es schmerzhaft die Kehle hoch, und dann fing ich an zu weinen, leise, mir quollen die Tränen nur so aus den Augen, gerade als Edward erzählte, dass er auf der Treppe in diesem Buchladen gesessen hatte und merkte, dass er gleich weinen würde. Also hörte er schnell mit dem Lesen auf und sah sich um, sah die Kunden und die Frau an der Kasse, die mit dem Computer nicht klarkam, und dachte, nein, ich fang doch nicht an zu weinen, mitten im Laden! Aber immer wenn er weiterlesen wollte, fing er an zu weinen, und da kaufte er sich das Buch, obwohl er es ja schon hatte, und ging in den Park und las und weinte dabei die ganze Zeit.

Ich sah Edward erst nicht an, weil ich ja weinte. Bis ich merkte, wie stockend er sprach. Er weinte auch. Während er redete. Es war überhaupt nicht peinlich, überhaupt nicht, nein. Wir sahen uns einfach in die Augen und konnten nicht aufhören zu weinen. Und dann lachten wir, wischten uns die Tränen ab und bestellten ein neues Bier.

«Am Ende, weißt du, als sie in Nangijala gegen Katla kämpfen und Jonathan verletzt wird», sagte ich, «da nimmt Krümel Jonathan auf die Schulter, und sie springen zusammen in den Abgrund, in ein anderes Leben.»

Ja, wir saßen uns beide schluchzend gegenüber, es war wirklich nicht zu fassen. Edwards Haare waren so blau und seine Augen auch, groß und dunkelblau. Er sagte, dass Astrid Lindgren etwas gemacht hat, wofür er bedenkenlos seine Seele dem Teufel verschreiben würde, wenn er es dafür auch so machen könnte.

«Nichts ist gelogen in diesem Buch», sagte er. «Und trotzdem kommt es einem so vor, als könnte man das Leben ertragen, weil man es gelesen hat.»

«Mir tun alle Menschen Leid, die die Brüder Löwenherz nicht gelesen haben», sagte ich.

«Mir tun alle Menschen Leid, die die Brüder Löwenherz nicht als Kind gelesen haben. Als Kind, Palma! Lies es jetzt, und du wirst sehen, dass Astrid Lindgren alles weiß. Ohne die Erinnerung an das Lesen von früher ist es kein Trost. Sie weiß, wie es in Wirklichkeit ist.»

«Wie ist es in Wirklichkeit?»

«Schrecklich!»

Er stützte seinen Kopf in seine Hände, die Ellenbogen auf den Tisch gestemmt, den Oberkörper mir zugeneigt. Ich wusste plötzlich, dass er die Wirklichkeit ganz wirklich schrecklich findet. Aber das war nicht schlimm. Es war sogar angenehm, plötzlich zu wissen, dass er es weiß. Er saß ruhig da und lächelte.

»»*Ich liebe dich*

Ich weiß auch, dass die Wirklichkeit schrecklich ist. Dass es das «richtige Leben» nicht gibt. Für niemanden und erst recht nicht für mich. Manchmal weiß ich das, und in den Momenten, in denen es mir bewusst wird, packt mich eine echte Panik. Ich bin schon oft mitten in der Nacht hochgeschreckt, und alles war dumpf und still um mich herum, wie in den Sekunden, bevor ein Blitz einschlägt oder eine Granate. Nur mein Herz klopft, laut, es ist der Ticker einer Zeitbombe, und ich bin bis zum Zerreißen gespannt, weil ich glauben muss, dass es jetzt auch mir passiert, das Schreckliche. Ich kann mich nicht bewegen, nur lauschen, lauschen, darauf, dass es jetzt so weit ist.

Edward lächelte. Breit, ruhig, gelassen. Wissend. Ich nahm meine Beine vom Stuhl (mein Krückenbein musste ich mit den Händen herunterheben), beugte mich zu Edward hinüber, legte meine Hände auf seine Hände, die an seinen Wangen lagen. Ich war ihm so dankbar, ich weiß gar nicht wofür.

Ich habe schon so viele Jungs geküsst, so viele. So

viele. Ich habe jeden Jungen geküsst, von dem ich dachte, dass ich es irgendwann (oder meistens hier und jetzt) für mich verwenden kann, wenn ich ihn küsse. Aber in dem Moment, als ich meine Hände auf Edwards Hände legte, dachte ich nicht im Geringsten daran, ihn zu küssen. Ich dachte etwas, das ich noch nie vorher gedacht hatte: «Ich liebe dich!»

»»» *Über das Küssen und wie wir wollen geküsset sein*

Einmal, als ich in Adriennes Kellerzimmer übernachtete und wir wie immer im uralten, weißen Bett ihrer Großmutter lagen, da erzählte sie mir die Geschichte ihres ersten Kusses, und ich muss sagen, es ist die beste und schaurigste Geschichte dieser Art, die ich je gehört habe.

Als sie zwölf war, durften sie und ihre Freundin mit ihren großen Schwestern, die natürlich total genervt waren, auf eine Party für die englischen Austauschschüler mitkommen. «Genauer gesagt, wir haben uns heimlich reingeschlichen, weil meine Schwester sagte, sie schmeißt mich eigenhändig wieder raus, wenn ich sie durch mein Erscheinen lächerlich mache», meinte Adrienne, die auf dem Bauch neben mir lag und sich in das riesengroße Kopfkissen kuschelte. «In dem Partykeller brannten nur ein paar Teelichter. Tina und ich konnten kaum was erkennen, aber das war uns nur recht, dann konnten unsere Schwestern uns auch nicht erkennen. Überall lagen unbekannte Pärchen auf den Matratzen rum, und wir kamen uns ziemlich blöd vor, weil wir allein rumsaßen. Dann setzte sich einer der Austauschschüler neben mich. Wir unterhielten uns ein bisschen, was aber nicht besonders gut ging, auf Englisch, in diesem Lärm. Er roch ganz gut nach einem Aftershave, hatte halblange Haare, wahrscheinlich braun, und als er mich küsste, merkte ich, dass er schon älter sein musste, die ganze Zeit pikste mich nämlich sein Drei-Tage-Bart. Ich kam mir sehr cool vor, vor allem weil Tina keinen Jungen gefunden hatte, mit dem sie rumküssen konnte. Aber es war auch einfach schön, den Engländer zu küssen. Er fing ganz vorsichtig an, ich brauchte es nicht zu lernen, ich hatte anscheinend schon immer gewusst, wie es geht, und wir küssten uns stun-den-lang. Das Einzige, was ein kleines bisschen störte, waren diese Bartstoppeln, und am nächsten Morgen – wir hatten alle dort übernachtet –, da hatte ich noch ganz raue Backen von diesem blöden Bart. Tina und ich frühstückten in der Küche, und ich war so wahnsinnig gespannt, wie der Engländer aussehen würde, denn es war ja so dunkel gewesen, ich hatte keine Ahnung. Ich wusste nur, dass er Tommy oder Jonny hieß. Jedes Mal, wenn ein Junge in die Küche kam, fragte ich Tina hektisch, ob der das wohl sein könnte. Wir suchten nach einem Jungen mit einem Drei- beziehungsweise inzwischen Vier-Tage-Bart, das war ja das Einzige, woran ich ihn vielleicht hätte erkennen können. Aber es kam keiner mit Bart, kein Einziger. Dann stieß Tina mich an und zeigte auf einen Typen, der die ganze Zeit zu mir rüberguckte und lächelte. Ich schüttelte den Kopf, aber sie fragte ihn einfach, ob er Tommy heißt. ‹My name is Jonny, yes›, sagte er.»

Adrienne erzählte nicht weiter, sondern kicherte still vor sich hin.

«Und?», fragte ich. «Wie sah er aus? Was war mit dem Bart?»

«Er sah eigentlich ganz nett aus», sagte Adrienne. «Aber nichts mit Bart. Was mich so gepikst hatte, war was anderes. Sein ganzes Gesicht war voller dicker rotgelber – Pickel!»

Ich habe mit 13 das erste Mal einen Jungen geküsst. Ich weiß noch, wie heilfroh ich gewesen war, dass ich gerade zwei Monate vorher zum ersten Mal meine Tage gekriegt hatte. Vor dem ersten Kuss. Einem fürchterlichen Kuss im Übrigen, der einen für immer und ewig vom Küssen hätte abschrecken können. Henri hieß der Junge, er war schon 16 Jahre alt und küsste mich in der Abenddämmerung an einem Kiesteich und machte mit seiner Zunge Bewegungen, wie man sie macht, wenn man eine raue Stelle am Mund hat, rein, raus, rein, raus, rein, raus, zwischen meine Lippen, in einem irrsinnigen Tempo, ich wusste erst überhaupt nicht, wie ich darauf reagieren sollte. Dann steuerte ich dagegen an und versuchte, seine Zunge mit meiner Zunge irgendwie aufzuhalten. Ich versuchte vor allem, das Rein-raus zu stoppen und in ein

Hin-und-her zu verwandeln, in ein Drumherum oder Drunter-und-drüber, aber dieser Henri bestand entschieden auf seiner Methode und sagte schließlich: «Du hast wohl noch nie jemanden geküsst, was?»

Adrienne stand auf und holte ein dickes graues Gedichtbuch ran, in dem steckten tausend grüne Blättchen, diese leichten grünen Blättchen aus den Zigarettenpapierpackungen, die man aufstellen und oben anzünden kann, und wenn sie hochfliegen, dann geht ein Wunsch in Erfüllung.

«Wie er wolle geküsset sein», las sie vor.

> «Nicht zu harte / nicht zu weich.
> Bald zugleich / bald nicht zugleich.
> Nicht zu langsam / nicht zu schnelle.
> Nicht ohn' Unterschied der Stelle.
>
> Halb gebissen / halb gehaucht.
> Halb die Lippen eingetaucht.
> Nicht ohn' Unterschied der Zeiten.
> Mehr alleine / denn bei Leuten.
>
> Küsse nun ein Jedermann
> Wie er weiß / will / soll und kann.
> Ich nur / und die Liebste wissen /
> Wie wir uns recht sollen küssen.»

Ist das nicht perfekt? Hat ein alter Dichter geschrieben, vor mindestens 350 Jahren.

Adrienne hat gesagt, dass sie in ihre Hand gespuckt und einen Moment gewartet und dann die Spucke wieder in den Mund genommen hat, um zu wissen, ob auch ihre Spucke so süß und gut schmeckt wie die von einem Jungen, den man gerne küsst.

«Meine Spucke schmeckte gut und süß», sagte sie. «Und ich frage mich, ob sie wohl immer und bei jedem gut und süß schmeckt, egal, was für ein Idiot er ist.»

Es ist kein Wunder, dass mir gerade jetzt diese Nacht mit Adrienne einfällt. Wir haben uns stundenlang über das Küssen unterhalten, über das «nicht zu langsam/nicht zu schnelle», und ich konnte tausend Fallbeispiele nennen, während Adrienne mit ihren drei oder vier Kandidaten auskommen musste, von denen der wichtigste, der damals aktuelle, Edward war.

Sie sagte, dass Küssen ein Geheimnis ist, ein ganz verrücktes Geheimnis: «Du küsst auf einer Party irgendeinen wildfremden Jungen. Aber wenn ich, deine beste Freundin, in deinen Becher spucke, würdest du dann noch daraus trinken? Jemanden anspucken, vor jemandem ausspucken, damit kannst du deine größte Verachtung ausdrücken. Und die größte Liebe, wenn du mit deiner Zunge die Zunge eines anderen berührst.»

Erklär mir, Liebe,
was ich nicht erklären kann (2)

Als ich Edwards Hände, die an seinen Wangen lagen, berührte, hörte er mit einem Schlag auf zu lächeln. Ich merkte, dass er schlucken musste. Er drückte meine Hände vorsichtig weg und legte seine Hände an mein Gesicht. Dann beugte er sich vor und berührte mit seinen Lippen meinen Mund und mit seiner Zunge meine Zunge.

I didn't know, that I was looking for love, until I found you.

Wie seine Spucke schmeckte, das hätte ich beim besten Willen nicht rauskriegen können, wenn es bei diesem einen Kuss geblieben wäre. Sein Mund war ganz trocken. Und genau das rührte mich so.

Adrienne hat gesagt, dass ihr Mund beim ersten Kuss fast immer viel zu trocken ist.

Jedenfalls dann, wenn sie sich wirklich verliebt hat.

Ich stand auf und humpelte auf Edwards Tischseite rüber. Ich küsste ihn wieder und küsste ihn so lange, bis sein Mund nicht mehr trocken war. Und seine Spucke schmeckte süß und gut.

«Erklär mir, Liebe, was ich nicht erklären kann», flüsterte Edward mir mit seiner ganz rauen Stimme ins Ohr. Ich dachte, er meint, dass er sich nicht erklären kann, warum er mich liebt. Wenn ich das nicht gedacht hätte, dann hätte ich ihm bestimmt nicht wenig später gesagt, dass ich ihn liebe. Niemals, niemals hätte ich ihm das gesagt. Ich habe es auch noch nie vorher gesagt, zu niemandem, egal, wie besoffen oder bekifft oder sonst wie bedröhnt ich war oder wie oft jemand wiederholte, dass er mich liebt, um zu hören, dass auch ich ihn liebe. «Du bist wirklich süß», das sage ich. Oder: «Ich könnte mich glatt in dich verlieben.» Und wenn jemand sagte: «Ich hab dich ganz doll lieb», dann dachte ich nur: «Armer Kleiner!»

«Erklär mir, Liebe, was ich nicht erklären kann», es so zu sagen, darauf war noch keiner gekommen.

Das gab mir den Rest.

Zum ersten Mal in meinem Leben.

Erklär mir, Liebe (3)

Erst hier im Wohnheim, als ich in Sarahs Zimmer auch dieses große, graue Gedichtbuch sah und darin das Gedicht fand, da verstand ich, dass Edward damit gar nicht gesagt hatte, dass er mich liebt. Hätte ich das Gedicht nicht gefunden, dann hätte ich den Nagel, mit dem ich Edwards Foto an die Balkonwand hämmerte, vielleicht nicht genau durch seine Stirn getrieben. Es handelt nämlich gerade von jemandem, der nicht liebt. Inmitten einer Welt, die im Liebestaumel taumelt.

> Erklär mir, Liebe, was ich nicht erklären kann:
> sollt ich die kurze schauerliche Zeit
> nur mit Gedanken Umgang haben und allein
> nichts Liebes kennen und nichts Liebes tun?
> Muss einer denken? Wird er nicht vermisst?

Das also meinten die Worte, die er sagte, nachdem er mich geküsst hatte!

Und er nahm es nicht zurück. Nicht mit Worten jedenfalls.

»»» *Alle Schlampen wohnen im vierten Stock*

Der Hausmeister kam hoch in unseren vierten Stock und sagte, unsere Küche wäre der größte Saustall, er kann das nicht mehr verantworten, und dann setzte er sich eine Stunde lang auf einen Hocker und guckte zu, wie wir aufräumten. Es sieht aber auch wirklich grauenhaft aus bei uns. So schlimm war es noch nicht mal in Simons und meiner Wohnung.

Gestern habe ich das erste Mal in der ganzen Zeit, die ich jetzt hier im Wohnheim bin, abgewaschen. Es ging nicht anders, die anderen Mädchen haben einfach zu großen Druck gemacht. Seit Tagen schon haben sie mir immer meine Töpfe vor die Zimmertür gestellt, die wollten sie nicht spülen, weil Fleischreste drin waren, und die sind doch alle Vegetarier. Die anderen im dritten Stock, die sind ganz ordentlich, ich weiß nicht, warum alle Schlampen immer im vierten Stock landen. Es ist auch allen ganz egal, wie es aussieht, es macht uns nichts aus, wahrscheinlich, weil niemand Bestimmtes Schuld am Chaos hat und sich blöd vorkommen müsste vor den anderen.

Lieber Papa!

Lieber Papa!
Hier kommt mal wieder ein Brief von deiner verschollenen Tochter. Es geht mir sehr gut! Gerade habe ich meine Zwischenprüfung bestanden, mit eins, aber das nur nebenbei, ich nehme das nicht so ernst, weißt du, denn das ganze Studium ist ja eher ein Spaß für mich. Ich lese sowieso, soviel ich kann, und mit meinen Freunden habe ich eine Arbeitsgruppe gebildet, in der wir Referate halten und unsere Aufsätze diskutieren. Es sind sieben Mädchen, alle ziemlich schlau, einige sind schon in höheren Semestern. Wir arbeiten gerade über Dostojewskis Menschenbild.

Manchmal bin ich etwas müde, na ja. Weißt du, ich habe doch Mama angeboten, mein Studium ganz alleine zu finanzieren, und deshalb mache ich Nachtdienste für eine Organisation, die Behinderte betreut. Zum Glück bezahlen sie ordentlich, ja, da kann ich nicht klagen, und sie nennen mich hier «Palma, der gute Engel», ist das nicht süß? Du solltest sehen, wie sanft ich geworden bin, viel geduldiger als früher. Jetzt sitze ich oft stundenlang am Bett von Jessika. Sie ist spastisch gelähmt und schreibt Bücher auf ihrem Spezialcomputer. Ich helfe ihr dabei, wir planen gerade ihr zweites Buch, und es ist ganz erstaunlich, wie viel ich von ihr lernen kann. Sie hat sogar einen Freund, der sie liebt, ist das nicht wunderbar? Es kommt nicht darauf an, dass das Leben irgendeiner vorgegebenen Norm entspricht, das sehe ich jeden Tag an Jessika. Und es tut mir gut, das zu sehen, wie du dir denken kannst, denn manchmal setze ich mich vielleicht doch zu sehr unter Leistungsdruck (das habe ich sicher von dir geerbt).

Mein Freund heißt Edward. Ich nenne ihn immer «Edward mit den Scherenhänden», weil er alle Probleme wie mit einer superscharfen Schere in der Luft zerschneidet. Ich will ja nicht angeben, Papa, aber ich glaube, er ist ein Genie. Er arbeitet mit seinem Professor an einem mathematischen Projekt, manchmal reden wir nächtelang darüber. Ohne mich, sagt er, hätte er vielleicht niemals die Liebe kennen gelernt, stell dir vor. Er will eine Formel entwickeln für die Liebe, eine zahlenmystische Formel, mit der man im wirklichen Leben arbeiten kann. Ich glaube, Edward und ich passen perfekt zusammen. Er bringt die Naturwissenschaft ein und ich die Philosophie. Er wird sehr viel Geld von seinem Vater bekommen, wenn er sein Examen gemacht hat.

Dann heiraten wir und gründen zusammen eine Zeitschrift.

Papa, du wirst stolz auf mich sein.

Deine Palma

Gummijacken und Plastikschuhe

Die Mädchen aus dem Dritten sind fast nie bei uns oben, aber ein paar Jungs aus dem Zweiten kommen fast jeden Abend hoch. Zwei von ihnen sind aus Polen, sie haben beide dieselbe Pottfrisur, der eine blond, der andere dunkel, wir nennen sie Oleg und Boleg. Ich habe durchgesetzt, dass sie nur in unsere Küche reindürfen, wenn sie eine Palette Aldibier anschleppen, und seitdem tun die beiden alles, um sich mit mir gut zu stellen. Der dritte heißt Benno und ist Sarahs Freund, und es ist typisch für Sarah, dass sie, die so schön aussieht, sich einen Freund sucht, der problemlos als Mönch durchgehen könnte. Das einzige Schöne an ihm sind seine kindlichen Augen, aber erotisch würde ich seinen Blick nicht nennen, der immer entweder sanft oder besorgt ist, weil Benno immer sanftmütig-besorgt und natürlich vollkommen uneigennützig an der Verbesserung der Welt arbeitet. Er hat ganz kurz geschorene Haare, ist ziemlich klein und unwahrscheinlich dünn, was auf sein Dasein als Veganer zurückzuführen ist.

Benno isst nicht nur kein Fleisch, sondern er weigert sich, irgendetwas zu benutzen, das «wir Menschen uns von unseren Brüdern und Schwestern, den Tieren, rauben». Eier sind tabu (ob aus Hühner-KZs oder von so genannten glücklichen Hühnern, die wir durch egoistische Züchtungsmaßnahmen zu bloßen Eierproduzenten degradiert haben). Milch von ausgebeuteten Kühen kommt auch nicht in die Tüte und somit auch kein Quark, kein Joghurt, kein Käse, keine Schokolade, kein Kuchen, keine Kekse. Von den Bienen widerrechtlich gestohlener Honig ist ebenso verboten wie eine Tüte Gummibärchen, weil die darin enthaltene Gelatine aus tierischem Knochenmark gewonnen wird – mein Gott, ich weiß das alles auswendig, nicht von Benno, der in der Gruppe gar nicht viel redet, sondern von Sarah, die total fasziniert ist von Bennos asketischer Haltung, weniger, um ihn nachzuahmen, sondern vor allem, weil sie die stundenlangen Diskussionen liebt, die sie, da wilder Sex für ihn wohl nicht so in Frage kommt, in seinem Zimmer mit ihm führt.

Jedenfalls bin ich davor gefeit, jemals aus Versehen etwas mit einem Veganer anzufangen, weil ich jetzt weiß, dass man sie schon von weitem an ihren Gummijacken und Plastikschuhen erkennt. Welcher Veganer würde seinen Geschwistern die Haut abziehen?

Ganz uninteressant ist Benno allerdings nicht. Er will Koch werden und arbeitet für unsere Organisation in der Küche vom «Essen auf Rädern». Praktisch für die Organisation, denn für ihn gibt es da nichts zu naschen. Und außerdem versorgt er uns mit Hasch, denn Rauchen ist für Veganer ja nicht verboten, und Hasch erweitert das Bewusstsein. Hier kiffen sie übrigens alle, sogar Lucie-der-gute-Engel, hätte ich nie gedacht.

»» *Und das soll die Liebe sein?*

Oleg und Boleg sind im Fahrdienst angestellt. Sie bringen das Essen auf Rädern, kurven die Alten und Behinderten zum Arzt, und sie behaupten beide steif und fest, dass es Arzttermine gibt, bei denen die Behinderten Sex verschrieben bekommen. Von den anderen hat noch keine einen Callboy oder ein Callgirl je bei irgendeinem Klienten gesehen, aber wenn sogar ein Pfleger freiwillig mit Jessika schläft, warum sollen andere so was nicht für Geld machen. Wir haben uns einen ganzen Abend nur darüber unterhalten, aber ich fand, es war ein ziemlich unangenehmes Gespräch. Jessika ist ja noch hübsch, eigentlich, aber muss sie nicht trotzdem denken, dass ihr Pfleger ganz einfach pervers ist? Und was die anderen so von ihren Klienten erzählen, den mittelalterlichen Spastikern und Leuten mit multipler Sklerose, die Krampfanfälle kriegen, was soll das nur für Sex sein?

Lucie, die so brav und unbedarft aussieht mit ihrem Vollmondgesicht, sie sagte, ihr würde es im Grunde nicht viel ausmachen, einem Gelähmten einen runterzuholen.

«Sie können's nun mal nicht selbst tun», meinte sie. «Und was ist schon dabei. Es hätte ja überhaupt nichts mit mir zu tun. Es wäre so, wie jemandem den Rücken zu kratzen, der an die Stelle nicht rankommt.»

Ich konnte nur lachen über ihre unglaubliche Naivität.

«Du hast sie nicht mehr alle, Lucie!», sagte ich. «Schon wenn du deinem Klienten den Rücken kratzen würdest, wäre der für immer und ewig in dich verliebt. Und was erst, wenn du ihn nicht nur fütterst und wäschst, sondern auch noch mit Sex versorgst!»

Iris, so eine Kleine mit verzottelten Hennahaaren, sagte, ein Mädchen aus dem Dritten hätte ihr erzählt, dass die Spastiker ans Bett festgebunden werden müssen, weil sie sonst zu viel rumzappeln, und ich stellte mir vor, wie irgendein armer Spastiker ans Bett gefesselt wird, und dann klingelt es, und eine Hure kommt rein, und er verdreht die Augen und liegt nackt da, wie gekreuzigt, und die Betreuerin ist vielleicht auch noch dabei und wendet sich vielleicht voller Grausen ab – und das soll dann Sex sein, was auch immer die Hure macht, das soll es sein, wonach er sich in seinen Träumen gesehnt hat: Die Liebe soll das für ihn sein.

Plötzlich fühlte ich mich schrecklich einsam

Ich fühlte mich plötzlich so einsam, als läge ich auf meinem Bett, mit einem dicken Nagel durch die Stirn daran fixiert, unfähig, mich noch zu bewegen und etwas anderes zu tun und zu denken, als dass ich festgenagelt bin. Und unfähig zu wünschen, dass mir jemand den Nagel herauszieht, weil ich dann zerfließen würde.

Edward ist nicht gekommen. Sein Telefon ist abgestellt, nur die Mailbox funktioniert. Er schreibt Briefe, die ich nicht verstehe. Von seinem Professor, der ihn braucht, da sie an einem fast geheimen, eiligen Projekt arbeiten. Simon dagegen war hier. Alle fanden ihn süß. Er brachte die Lampe, und ich habe ihn geküsst und mir nicht vorgestellt, er wäre Edgar, weil das vollkommen unmöglich ist.

Adrienne hat mir erzählt, sie hätte eine Zeit lang immer versucht, ob sie nicht allein durch ihre Vorstellungskraft, ohne sich dabei zu berühren, einen Orgasmus kriegen könnte. Sie hat es versucht, weil ihr Freund damals viele Wochen verreist war (sie sagte nicht, ob es Edward war) und sie sich eingeredet hatte, es wäre eine Art Betrug, wenn sie die Sehnsucht nach ihm einfach so durch mechanische Übungen vertreiben würde.

Adrienne ist so anders als ich. Wenn ich mich zu sehr nach jemandem sehne, dann suche ich mir einfach einen anderen. Nicht, weil ich den Ersten vergessen will, sondern weil ich es erträglich machen will, ihn zu vermissen, und weil ich es ihm damit heimzahle, dass er mich überhaupt in die Lage gebracht hat, ihn vermissen zu müssen, und weil ich es (bisher) noch nie ertragen konnte, auf die Liebe von einem, den ich dann vermissen muss, angewiesen zu sein.

Sie hat es übrigens nicht geschafft, Adrienne, mit dem Orgasmus durch die reine Vorstellungskraft, nur im Traum, aber das ist ja nichts Besonderes.

Affen im Zoo

Iris hatte neulich zum ersten Mal Dienst bei Heinz, einem spastisch Gelähmten, von dem wir ihr schon kleine Horrorgeschichten erzählt haben, weil er sich nämlich immer einen runterholt, wenn die Betreuerinnen kommen. Die meisten ignorieren das einfach, obwohl das nicht ganz einfach ist, denn außer dem winzigen Bad und der Kochnische gibt es in seiner Wohnung keine Rückzugsmöglichkeit. Ich glaube, Iris ist lesbisch, jedenfalls hat sie sich ganz besonders angestellt, oder sagen wir: Sie war die Einzige, die gewagt hat, sich beim Büro zu beschweren und zu sagen, sie will nicht mehr bei Heinz Dienst machen. Sie haben's ihr sogar durchgehen lassen um den Preis einer Moralpredigt à la: «Wollen Sie unseren Klienten etwa das Recht auf Sexualität absprechen?»

Sarah ist da cooler. Sie entwickelt immer Theorien, die ihr den Weg durch die Unannehmlichkeiten des Alltags bereiten. (Ich habe Heinz beim zweiten Mal einen nassen Waschlappen auf den Bauch geworfen, das war's.) Sie sagt, es gibt zwei Sorten von Behinderten: diejenigen, die durch Unfall oder Krankheit behindert geworden sind, und die anderen, die von Geburt an behindert waren und nicht die geringste Ahnung von einem unabhängigen, selbständigen, privaten Leben haben.

«Die Geburtsbehinderten kennen kein Schamgefühl», meint sie. «Nie sind sie allein, nichts können sie alleine machen. Sie werden gefüttert, abgeputzt, und du musst ihnen den Finger in den Hintern stecken, damit sie überhaupt abführen können. Warum um Gottes willen sollten sie sich beim Onanieren dezent zurückziehen?»

«Für dich sind die Leute wohl Affen im Zoo?», sagte Iris. Sie regt sich immer noch auf bei diesen Gesprächen, selbst wenn es einigermaßen sachlich zugeht. Ich weiß nicht, was sie sagen wird, wenn sie Peter zum Puff begleiten muss, im Bus, wo er auf dem Hinweg stotternd davon schwärmt, wie es sein und wen er wohl kriegen wird, und auf dem Rückweg laut schimpft, dass es wieder nichts Richtiges war.

Sarah, Bürgerstochter

«Mir macht es gar nichts aus, monatelang keinen Sex zu haben», sagte Sarah und warf einen Blick zu Benno, der rot wurde und besonders sanft lächelte. «Ich hasse es, darunter zu leiden. Wenn ich gelähmt wäre, dann würde ich versuchen, daraus eine Lebensform zu machen. Ich würde mich einfach weigern, mich nach etwas zu sehnen, das ich nicht bekommen kann.»

Oleg und Boleg kicherten blöd, und es fehlte nur noch, dass sie sagen: «Lass uns nur mal ran, dann wäre alles anders!» Sie kotzen mich an, obwohl sie wahrscheinlich Recht haben, weil Sarah eine von diesen Bürgerstöchtern ist, die über alles reden können und sich auf nichts wirklich einlassen. Es ist nicht so, dass ich sie nicht mag, nein, gerade weil sie über alles reden kann und dabei ohne jede Arroganz ihre ganzen Bücher heranzieht (manchmal spricht sie von irgendwelchen Leuten so, dass ich erst denke, es seien ihre Freunde, und dann ist es wieder nur eine Romanfigur), gerade deshalb mag ich sie ja. Und es ist sogar möglich, dass ich sie bewundere und beneide, für die unerkämpfte Selbstsicherheit, die sie ausstrahlt, mit all den Geschenken, die sie von Geburt an mitbringt, ihrer Schönheit, ihrer Intelligenz und ihrer Familie, in der es offensichtlich nie einen Zweifel gab, dass man sie erliebt und erwünscht hat. Alles, was sie mir erzählt, von sich selbst und ihren beiden jüngeren Schwestern und ihrem Vater, der Museumsdirektor ist, und ihrer Mutter, die den Haushalt macht und nebenbei Kinderbücher schreibt, und dem komischen kleinen Dorf, wo sie aufgewachsen ist und sogar noch Kartoffeln gesammelt hat, und den Büchern, die ihr Vater für sie aus dem Bücherbord holte und dabei sagte: «Ich weiß ja nicht, ob du es schon verstehst, aber es ist wunderbar» – für all das könnte ich sie zum Teufel schicken, wenn sie es irgendwie ausspielen würde. Sie tut es aber nicht, sie weiß anscheinend gar nicht, wie ungeheuer privilegiert sie ist. Wenn sie kifft, dann ist das eine Luxuserfahrung, die sie so nebenbei mitnimmt, um später vielleicht in einem Buch zu beschreiben, wie sie glaubte, überhaupt nichts zu merken, bis ihre Freundinnen vor Lachen unterm Tisch hingen, weil sie sich schon das vierte Nutellabrötchen geschmiert hatte. Wenn sie ihre Scherze über die Behinderten macht, und sie kann dabei durchaus fies sein, dann deshalb, weil sie weiß, dass es ein Gegengewicht geben darf zu der Art, wie sie sich sanft und geduldig auf ihre Arbeit einlässt (anders als Lucie, die sich davon auffressen lässt). Wenn sie ohne Erstaunen mit mir über mein Leben redet, dann nicht, weil sie mich wirklich versteht, sondern weil sie nichts von dem, was ihr begegnet, als Gefahr für ihre eigene Existenz verstehen muss. Ich beneide sie, ohne sie zu hassen. In Wirklichkeit weiß sie nichts vom Leben.

Wenn ich gelähmt wäre

Wenn ich gelähmt wäre, dann würde ich einen Weg suchen, um mich umzubringen. Und dieser Gedanke macht mir Angst, weil ich mich manchmal gelähmt fühle.
Jessika ahnt nicht, wie sehr sie mich verrückt macht, wenn sie andauernd davon spricht, dass sie sterben will. Natürlich weiß sie, dass alle genervt sind, wenn sie auf ihre umständliche Weise sagen will: «Ich bin traurig. Ich will tot sein.» Sie schreibt nicht immer mit dem Computer, sondern es gibt auch ein vorgedrucktes Heft, mit allen Buchstaben, häufigen Wörtern und Redewendungen. Wenn sie was sagen will, dann muss man in dem Heft blättern, so lange, bis Jessika die Augen nach oben verdreht. Dann hat man die Seite und geht nach demselben Prinzip die einzelnen Buchstaben durch. Es ist ein vorgedrucktes Heft, extra für Spastiker. Ich habe vorgeschlagen, man sollte eine Seite anheften, mit den Sätzen: «Ich bin traurig. Ich will sterben. Bring mich um.» Aber selbst wenn ich so eine Seite vorbereiten würde, Jessika würde darauf bestehen, dass die Buchstaben einzeln zusammengesucht werden. Oder raffinierte Variationen einführen. Alle macht sie damit verrückt, und alle haben schon versucht, sie irgendwie auszuschalten, wenn klar ist, dass es schon wieder losgeht. Von einem Mädchen, das sein Soziales Jahr aber schon hinter sich hat, von der reden sie hier noch alle, weil sie, als Jessika sagte: «Stich

mich einfach ab!», in die Küche gerannt war, ein Messer holte, es ihr an die Kehle hielt und schrie: «Ja? Ja? Ja? Soll ich es tun?» Und Jessika hat nur wie verrückt mit den Augen gerollt, gestöhnt, und natürlich wollte sie nicht.

Ich habe schon so oft mit Jessika über den Tod geredet. «Du willst doch gar nicht sterben», habe ich gesagt. «Du scheuchst mich morgens halb sechs aus dem Bett, damit ich dir die Haare waschen kann und stundenlang an deinem Make-up arbeite. Du bist schön, und du hast diesen Pfleger aus der Behindertenwerkstatt, der dich besucht und dich liebt. Gut, du bist gelähmt, aber andere haben auch Behinderungen, und niemand merkt das und niemanden kümmert das was. Du bist bestimmt nicht trauriger als andere Leute auch.» Dann muss ich ihr das Schreibgestell umschnallen, und sie schreibt: «Aber du ziehst dir einen Gummihandschuh über, wenn ich zur Toilette muss!»

Neulich lief eine Sendung über Sterbehilfe in Holland im Fernsehen, die hat Jessika auf meinen Tipp hin auch gesehen, und wenn sie jetzt wieder anfängt mit ihrem «Ich bin traurig!», dann sage ich: «Hey, Jessi, ich geh zum Reisebüro und buche uns eine Fahrt nach Holland. Du musst es nur sagen, dann kann's losgehen. Ich begleite dich und hab danach bestimmt 'ne Woche frei.» Da muss sie jedes Mal lachen (ich glaub jedenfalls, dass ihr Zucken ein Lachen bedeutet), und es ist erst mal Ruhe.

Wer würde mir helfen, mich umzubringen, wenn ich so gelähmt wäre?

»» *Mein Leben ist schön!*

Nichts von dem, was ich zu Jessika sage, ist ja wahr! «Mein Leben ist schön» heißt ihr Buch, das sie mir geschenkt hat, aber das ich immer wieder «zufällig» bei ihr vergesse. Ihr Leben ist grauenhaft! Was nützen ihr die großen dunklen Augen, wenn sie einen damit nur bei allerhöchster Konzentration genau angucken kann? Was ein «eigentlich» hübsches Gesicht, wenn es höchstens mal auf einem Foto hübsch aussieht, für eine in Wirklichkeit schnell vorbeizischende Sekunde? Was kann der Sex mit einem verheirateten Pfleger sein, wenn sie nichts zurückgeben kann? Was soll das für ein Kuss sein, wo sie doch nicht mal kauen kann und ich ihr das Essen in winzigen Häppchen wie einem kranken Tier weit in den Rachen schieben muss? Ich bin sogar sicher, dass auch ich es nicht gut ertragen könnte, wenn meine Betreuerin sich einen Gummihandschuh überzieht, bevor sie mir den Finger in den Hintern steckt. Aber wie soll man es ertragen, dass sich täglich neu wechselnde Betreuer vor einem ekeln?

«Jessika!», sage ich. «Warum kämpfst du nicht um ein bisschen Unabhängigkeit? Du könntest deinen Körper trainieren und jeden Tag kleine Fortschritte machen. Ich kenne Querschnittgelähmte, die brauchen eine halbe Stunde, um sich ihr Brot zu schmieren, aber sie schmieren es sich selbst. Du könntest auch so was versuchen, das würde dein Selbstwertgefühl bestimmt heben.»

Sie schreibt: «Ich gehe einen anderen Weg!», und ich weiß sogar genau, was sie meint. Damit ja tyrannisiert sie uns, mit diesem «anderen Weg». Sie ist eine verdammte, tyrannische Prinzessin. Selbst wenn wir ins Kino gehen und ich froh bin um die Dunkelheit und den Film, die mich vergessen machen könnten, neben wem ich sitze, selbst dann zwingt sie mich, ihr das Popkorn in den Hals zu stopfen, ein Popkörnchen nach dem anderen, und es nützt nichts, so viel wie möglich selbst davon wegzufressen, denn durch unmissverständliches Stöhnen befiehlt sie mir, neues zu holen. Ich gebe ihr was von meiner Pizza ab, sie mir aber nichts von ihrem Getränk. Sie behandelt mich wie einen Haussklaven, den sie beliebig herumkommandieren kann. Grad bin ich in der Küche beim Abwaschen, da stöhnt sie und will, dass ich ihr die Socken hochziehe. O.k., ich trockne mir die Hände ab und ziehe die Socken hoch. Kaum bin ich wieder in der Küche, heißt es kommen und Fenster schließen. Gemacht. Zurück zum Abwasch, da stöhnt sie schon, und ich muss ihr die Nase putzen. Schließlich sage ich (es kann auch sein, dass ich es schrie): «Jessika, ich tu ja, was du willst, aber bitte, wenn du noch was willst, dann sag es jetzt! Meinetwegen fünf Sachen auf einmal, aber sag es jetzt und hier!» Da war sie beleidigt und hat sich später im Büro beschwert, und so macht sie es mit allen.

Ich glaube, Sarah hat Recht. Jessika kämpft nicht um ihre Selbständigkeit. Sie nutzt ihre Macht aus, ähnlich wie Heinz, der Onanierer, nur macht sie es bewusst und nicht wie ein «Affe im Zoo». Wenn ich sie waschen soll, dann «unten» immer besonders gründlich, viel länger, als ich es jemals machen würde. Sie hält uns FSJler wie ihre privaten Sklaven, und das erhält sie am Leben. «Mein Leben ist schön!» O Jessika, ich an deiner Stelle wäre am liebsten gar nicht geboren worden.

»»» *Hallo, Domian*

Heute Nacht habe ich wieder Domian gehört. Manchmal überlege ich, ob auch ich ihn mal anrufen sollte. «Hallo, Domian», würde ich mit derselben belegten Stimme sagen, die 80 Prozent aller Frauen haben, die bei ihm anrufen. «Hallo, Domian. Mein Problem ist, dass alle meine Gefühle und mein ganzes Leben vollkommen unwirklich sind. Ich liebe einen Jungen, der lieber mit seinem Professor zusammen ist als mit mir, und ich hasse eine behinderte Frau, für die ich nichts als ein zufälliger Sklave bin, und ich weiß überhaupt nicht, was aus mir werden soll.»

Ich würde mir Mühe geben, eine halbwegs salonfähige Sprache zu sprechen. Ich würde mir Mühe geben, weil ich weiß, dass Domian die absurdesten Geschichten duldet, wenn sie nur in gemäßigter Sprache und wenigstens angedeuteter Demut erzählt werden. Ich würde «Sex haben» statt «ficken» sagen, von «Aggressionen» sprechen statt von «in die Fresse schlagen» und «Alkohol trinken» statt «wir waren so was von besoffen». Er schafft es ja trotzdem, dass die Leute die Wahrheit sagen, eine Wahrheit, von der sie vorher oft nicht wussten, dass es ihre Wahrheit ist.

Ich bin so ehrlich, wie ich sein kann, in dem, was ich, oft nicht gerade nüchtern, hier aufschreibe. Und doch wage ich nicht, zu entscheiden, ob es mir lieber wäre, ich hätte mich niemals in Edward verliebt. Ob ich, wenn ich Jessika auf ihr Verlangen nach Holland bringen würde, ob ich dann dächte: «Endlich!» Ob ich Simon deshalb geküsst habe, damit er mir (was er getan hat) 100 Mark für «Kauf dir was Schönes» dalässt. Und ob der Nagel in meinem und in Edwards Hirn nur ein Spielchen ist oder bitterer Ernst. «Hallo, Domian! Mein Problem ist, dass ich vielleicht ebenso gut von dieser Welt verschwinden könnte.»

Müde

Wir haben hier kaum richtig freie Tage, weil wir manchmal nur drei, vier Stunden arbeiten. Diese halben Arbeitstage sind noch eigenartiger, als wenn man ohne Pause von Klient zu Klient rast. Dann rasselt meine Weckerkombination dreimal am Tag, weil ich mich nach jedem Termin wieder ins Bett schmeiße. Ich bin oft so müde, so müde, und wer weiß, wie oft ich schon in noch halb besoffenem Zustand zu den Klienten gefahren bin.

Wenn mir dann Frau Penner die Tür öffnet und mit ihrer verrutschten schwarzlockigen Perücke auf dem Kopf sagt: «Kommen Sie rein. Wer sind Sie eigentlich?», dann würde ich am liebsten antworten: «Woher soll ich das wissen?»

Bei Frau Penner ist es am allerschlimmsten, so müde zu sein, obwohl sie gar nicht richtig zu den Schwerstbehinderten gehört. Sie kann sich ganz normal bewegen und halbwegs normal reden, und in den ersten drei Minuten merkt man nicht, dass ihr Gehirn von ihrer ehemaligen Alkoholsucht vollkommen zerfressen ist, so zerfressen, dass in den Gehirnzellen nur Speicherplatz für jeweils drei Minuten vorhanden ist. Deswegen wohl will sie nie Fernsehen gucken, obwohl doch bei allen anderen ununterbrochen der Fernseher läuft, und so führe ich, außer wenn ich für sie einkaufen muss, in dieser einen Stunde bei ihr mindestens zehnmal ein und dasselbe Gespräch, während ich darauf achte, dass sie ihre Zigarette nicht neben den Aschenbecher legt und wenigstens in meiner Anwesenheit den 1000 Löchern auf dem teppichartigen Tischläufer kein neues hinzufügt.

Sie fragt mich, warum ich hier bin und wo sie selbst denn am Vormittag war (in einer Betreuungseinrichtung) und was das denn für eine Zeitung ist, die auf dem Tisch liegt (komischerweise immer die Fernsehzeitung), und ob denn heute nochmal jemand kommt (ja, am Abend) und warum ich denn hier bin und wo sie selbst denn am

Vormittag war. Spätestens nach der vierten Runde bin ich kurz davor, verrückt zu werden. Beim ersten Besuch habe ich sie noch gefragt, ob sie mal verheiratet war («Ich glaube schon») und wo sie früher gearbeitet hat («Ich glaube, in einer Fischfabrik») und ob sie Kinder hat («Die kommen nicht»). Beim zweiten Besuch habe ich einfach den Fernseher angemacht, aber da hat sie, ruhig und laut, gesagt: «Ausmachen!», und seit dem dritten Mal antworte ich mit halb geschlossenen Augen und immer denselben Worten auf ihre vier Fragen und schleiche mich dann vollkommen erledigt aus ihrer Wohnung, wobei sie mich jedes Mal zur Tür bringt und mich freundlich verabschiedet.

Satt

Zum Glück gibt es auch jemanden wie Herrn Ludewig, einen richtigen «alten Herrn», er ist halbseitig gelähmt. Zu ihm gehen alle gern, und jeder, der bei ihm war, kommt als ziemlich guter Koch aus diesen Diensten heraus. Kaum ist man da, geht es schon mit dem Kochen los. Gemüse schneiden, Soßen anrühren, Fisch filetieren und entgräten, man staunt, dass man das alles kann. Er lädt uns immer zum Essen ein, und das ist wirklich ein Wunder, das macht kaum einer der anderen Behinderten, die sind alle schrecklich geizig, da kriegt man nie was zu essen ab. Herr Ludewig aber gibt uns manchmal fünf Mark, und wenn ich meine Zigaretten rausziehe, dann sagt er immer: «Lass man stecken», und ich rauche die ganze Zeit seine Zigaretten.

Besoffen und bekifft

Oder Sissi, vom zweiten Halswirbel ab gelähmt, nach einem Unfall. Immer komme ich vollkommen breit ins Wohnheim zurück, wenn ich bei ihr war, denn bei ihr gibt's immer was zu kiffen. «Hey, Palma, bist du es? Zum Glück! Bis jetzt war nur der drogenfeindliche Zivi hier. Stopf mal 'ne Pfeife und rauch was mit!» Dann hängen wir den ganzen Tag auf dem Sofa rum, und wenn's mit Sissi in die Kneipe geht, dann kann man sich ungehindert voll laufen lassen. (Jessika hab ich mal auf ein Stadtteilfest geschoben und dabei ein einziges Bier getrunken, und sofort hat sie es gemeldet: «Alkohol im Dienst!», und wieder gab es Ärger.)

Einmal war unser ganzer vierter Stock bei Sissi, große Sauf- und Kifferparty, und Sissi, die uns befahl, ihr Schnaps und Bier einzuflößen, sie wurde schließlich so besoffen, dass sie aus ihrem Rollstuhl fiel. Wir waren zehn Leute und alle ebenfalls besoffen und bekifft, aber es blieb uns nichts anderes übrig, als den Notarzt zu holen, denn Sissi spürt ja nicht mehr, ob sie sich was gebrochen hat. (Ist irgendwo 'ne Treppe, dann rattert sie die einfach runter: «Ist mir doch egal, ich merk ja eh nicht, wenn's wehtut!») Der Notarzt fragte uns, ob wir Drogen genommen hätten, die ganze Wohnung roch nach Hasch, und wir kicherten uns einen und sagten: «Neee...», und Sissi sagte auch: «Drogen? Was? Auf keinen Fall!»

Sie verbrennen und verbrauchen uns

Aber abgesehen von solchen Verblödungsfällen wie Frau Penner sind Leute, die nicht schon behindert auf die Welt gekommen sind, wirklich vollkommen anders als diejenigen, die nie etwas anderes gekannt haben, als von vorne bis hinten, von oben bis unten versorgt zu werden. Die Geburtsbehinderten kennen das Wort Unabhängigkeit nicht, und sie wollen es auch gar nicht kennen. Inzwischen saufen wir alle wie verrückt, schon von morgens an. Alle, selbst Iris, die sagt, sie macht die Arbeit aus Überzeugung, auch sie macht mit und Benno auch. Es ist eben nicht auszuhalten. Sie haben gesagt, wir würden in der Betreuung von behinderten Jugendlichen arbeiten, dabei ist Jessika die Jüngste von allen, und sie ist auch schon über 20. Sie beuten uns aus und kassieren hohe Sätze von der Pflegeversicherung: siebzehn Mark fünfzig zum Beispiel für einen Toilettengang, der fünf Minuten dauert, das sind ein paar Pfennig für uns, bei unserem Stundenlohn von einer Mark fünfzig. Sie verbrennen und verbrauchen uns und kriegen immer wieder Nachschub aus Russland und aus Polen. Spargel, Kirschen, Behinderte.

Ich würde gern mit jemandem über das alles reden. Mit jemandem, der nicht hier drin arbeitet. Mit einem Erwachsenen. (Mama.)

Oder mit Adrienne.

»»» *Warum bringst du mich nicht um?*

Adrienne würde ich erzählen, was gestern bei Jessika passiert ist. Ich würde es ihr erzählen, so, wie es wirklich war.

Den Mädchen in unserem Vierten brachte ich mal wieder eine Flasche Baileys mit und sagte: «Mädels, lasst uns anstoßen! Ich hab's geschafft, ich flieg bestimmt bei Jessika raus!» Alle waren wild auf eine neue Anekdote. Ich ließ die Flasche rumgehen, nahm sie dann wieder, setzte mich auf den Kühlschrank und sagte: «Ich – habe – Jessika – nicht umgebracht!»

Als ich heute endlich wieder das verdammte Hochhaus verließ (wo ich jedes Mal, wenn ich rauskomme, den verregneten Teddybären sehe, den jemand mit einem Draht an den Laternenpfahl gebunden hat, wegen des totgefahrenen Jungen), da überlegte ich schon genau, wie ich es den Mädchen sagen würde, denn erfahren würden sie es so oder so. Ich sagte ihnen also, dass Jessika heute mal wieder grauenhaft genervt hatte und mich ständig zwang, in ihrem Buchstabenheft die bekannten Sätze herauszubuchstabieren: «Ich will sterben! Mein Leben ist sinnlos. Warum hilft mir keiner» etc. Erst habe ich ihr noch zum tausendsten Mal erklärt, warum das nicht stimmt und dass sie doch echt was aus sich macht und geliebt wird (alle stöhnten auf).

«Ich will tot sein!»

Da tat ich so, als wenn ich die Telefonauskunft anrufen würde, um die Nummer des holländischen Sterbehilfevereines zu erfragen (alle klatschten).

Aber als ich dann auch noch den Satz: «Bring mich um, warum bringst du mich nicht um!», zusammenklauben musste, da platzte mir der Kragen. Ich rannte zum Fenster (ich stellte mich auf den Kühlschrank), ich riss das Fenster auf (ich riss eine Hängeschranktür auf) und ich schrie (ich schrie): «Du blöde Lumpen-Prinzessin, deren Leben nur daraus besteht, andere Leute zu tyrannisieren und zu versklaven, ich würde dich sofort hier aus dem Fenster stürzen! Ich weiß nämlich auch nicht, wozu du eigentlich auf der Welt bist.»

Ich stand auf dem Kühlschrank und nahm einen tiefen Schluck aus der Baileysflasche, während ich registrierte, dass die Mädchen mich plötzlich genauso stumm anstarrten, wie Jessika versucht hatte, mich anzustarren.

«Aber, Jessika, frag mich nie, nie wieder, ob ich dich umbringen könnte! Natürlich könnte ich es! Es gibt nur einen einzigen Grund, warum ich es nicht tue. Weil so was nämlich hier in Deutschland verboten ist und weil ich weiß Gott nicht vorhabe, deinetwegen ins Gefängnis zu kommen.» Nach diesen Worten knallte ich das Fenster wieder zu, das heißt, ich knallte die Hängeschranktür zu, verlor das Gleichgewicht, kippte vom Kühlschrank und knackste voll um. Die Flasche Baileys habe ich dabei gerettet. Nicht aber mein verdammtes Knie.

Fallada, der du da hangest

Es war so: In der Nacht, als ich morgens halb sechs aufstehen musste, damit Jessikas lange Haare gewaschen und stundenlang geföhnt und ihre nicht vorhandenen Pickel ausgedrückt und Lippenstift auf ihren zuckenden Mund gebracht würden, in dieser Nacht war Edward wieder da. Hier. Bei mir. Zurückgekehrt – in mein Radio.

«Ja, meine Lieben, jetzt haben wir – nanu, wir haben jemanden am Apparat, 22 Jahre alt, der sich Fallada nennt. Das ist doch nicht dein richtiger Name, oder?»

«Doch!», antwortete jemand, und schon bei diesem leise gesprochenen «Doch» fuhr ich geschockt im Bett hoch. Es war Edward!

«Fallada, das ist doch ein Schriftsteller», sagte Domian mit seiner besonders sanften Stimme, die er immer dann

draufhat, wenn er jemanden auf Anhieb für unzurechnungsfähig hält.

«*Ja und nein*», sagte Edward, «*Fallada ist ein Pferd, dem der Kopf abgeschlagen wurde, weil es die Wahrheit sagte. Die Prinzessin ließ seinen Kopf am Tor vor der Stadt annageln.*»

«*Soll das bedeuten, du nennst dich Fallada, weil du dich wie dieses Pferd fühlst? Erzähl uns deine Geschichte!*»

Edward war schon am Vormittag gekommen, vor zwei Tagen, einfach so. Frau Mahlzahn an der Rezeption vom Büro hatte ihn ganz genau gefragt, zu wem er denn wolle, Frau Malzahn an der Pforte, die im ersten Moment so nett aussieht, weil sie ohne Grund zu lächeln scheint, und dann merkt man, dass sie lächeln – muss. Wegen einer Narbe am Mund. Und dass sie in Wirklichkeit nie lächelt, nie.

Dass sie Edward so genau ausfragte, war allerdings nicht so verwunderlich. Er sah sehr eigenartig aus. Barfuß kam er an, in einer kurzen grünen Sporthose und einem orangen Netzhemd. Auf dem Rücken trug er einen knallgelben Rucksack, und seine blauen Haare waren nicht mehr blau, sondern so orange wie das Netzhemd, dazu hochgezwirbelt zu mindestens 13 kleinen Teufelshörnern. Verrückt, aber süß.

«*Sie hat ein Foto von mir an die Wand auf ihrem Balkon genagelt, mit dem Nagel genau durch meine Stirn. Ich weiß nicht, seit wann mein Bild da so hängt, ich habe sie nicht gefragt. Einmal, aber in einer anderen Situation, da sagte ich ihr: Wenn das deine Mutter wüsste/ihr Herz tät ihr zerspringen! Aber sie verstand es nicht, sie sagte: Besser wäre es, dein eigenes Herz würde zerspringen!»*

Nein! Ich habe dich nicht verstanden! Und wenn irgendjemandes Herz zersprungen ist an diesem Wochenende, Edward, dann meines! Und weißt du, wann ich spürte, dass es zersprang? Nicht, als du wie ein Verrückter in unserer Küche rumgeschrien und Sarah das Bier ins Gesicht geschüttet hast, und nicht, als du brülltest, Leute wie mich, die sollte man ins KZ stecken, und mir beinah eine geknallt hast, und auch nicht, als Oleg und Boleg dich mit der halben Flasche Wodka ins Klo sperrten. Es war, als irgendjemand dich aus der Toilette rausgelassen hatte und du in mein Zimmer getorkelt kamst und dich an mich drücktest und weintest. Leise, und mein Gesicht wurde ganz nass von seinen Tränen. Er wirkte völlig verloren. Und ich rührte mich nicht, ich sagte kein Wort. Ich ließ ihn weinen, bis er eingeschlafen war.

«Ich sah, dass sie voller Angst war und dass diese Angst sie grausam machte. Sie konnte nicht ertragen, dass ich die Wahrheit sagte, keiner in der Runde konnte das ertragen. Zuerst haben sie versucht, mich zu ignorieren, und einfach weitergesprochen und gelacht und ihre zynischen Phantasien ausgetauscht.»

Angst haben. Grausam sein.

Wir saßen in der Küche, wir Mädchen aus dem Vierten und Oleg und Boleg. Und Edward. Völlig arglos machten wir unsere Scherze über die Behinderten, die übliche Art von Scherzen, wie sie ja wohl auch die Chirurgen am Operationstisch machen oder die Anatomiestudenten beim Sezieren oder die Leichenträger, wenn sie eine verdammte Leiche nicht in den Sarg reinkriegen. Wir lachten uns schlapp, und ich kam nicht im Geringsten auf die Idee, dass ich anders reden müsste als sonst, nur weil Edward dabei war.

«Sie sagten, dass sie sich in der Stadt kreischend aneinander klammern, wenn sie einen Behinderten sehen, und sich vor Ekel schütteln: Ihhh, guck mal da, nein, guck lieber nicht! Dass Euthanasie keine schlechte Sache wäre, nein, da wüssten sie jetzt Bescheid, und sie könnten sofort eine Liste aufstellen. Oder dass sie nie mehr in ihrem Leben einem Rollstuhlfahrer die Tür aufhalten würden.»

Edward sprach ziemlich schnell. Ich wünschte, ich könnte jetzt den Fernseher anschalten und Domians Gesichtsausdruck sehen. Domians Stimme blieb ganz ruhig, aber vielleicht würde man im Fernseher sehen, dass seine Halsschlagader etwas anschwillt, das tut sie nämlich immer, wenn jemand etwas erzählt, das politisch nicht korrekt ist.

Oder ahnte er vielleicht, dass er sich nicht aufzuregen brauchte, weil Fallada mit ihm sprach, der längst gesagt hatte: «Wenn das deine Mutter wüsste/ihr Herz tät ihr zerspringen.»

«Und du, wie hast du reagiert?»

«Ich trank Bier, sehr viel Bier. Ich sah all diese Szenen aus der Nazizeit vor mir, wie Krüppel und Verrückte aus den Heimen in große Autos verladen werden. Und die Kranken-

schwestern und Ärzte in weißen Kitteln, die sie am Arm fassen, die mich am Arm fassen –»

«Sie fassen auch dich am Arm?»

«Ja, auch mich. Sie tun so, als ginge es um einen Ausflug, dabei geht es ins Vernichtungslager. Ich sah verwirrte Menschen, die im Gras vor den Gaskammern lagern und darauf warten, dass sie entsorgt werden. Ich sah Spritzen, die an weißen Betten in dünne Arme gestochen werden, ich –»

«Fallada, das ist eine schreckliche Vision, von der wir alle wissen, dass sie einmal Wirklichkeit war. Was verbindet dich mit deiner Freundin?»

«Ich wünschte, ich könnte sie erlösen!»

Als Edward angekommen war, da dauerte es keine zwei Minuten, und wir zogen uns aus, jeder für sich, damit es schneller ging, und warfen uns auf mein Bett. Ich hatte ihm nur einmal vorher in die Augen sehen müssen, um zu wissen, dass es nicht den geringsten Zweifel gab. Kein ironisches Wortspiel, kein vorsichtiges Abschätzen, ob der andere ganz genau so will, wie ich es will, es war alles noch genau so wie in Amsterdam.

Edward, ich liebe dich! Ich will alt und grau mit dir werden und immer, immer fühlen, wie leicht das «schreckliche» Leben in Wirklichkeit ist. So leicht, wie dieser Tag gewesen war, bevor wir uns mit den anderen in der Küche trafen.

(Selbst jetzt noch, da diese Sicherheit wieder in ein Nichts zerstoben ist, selbst jetzt wird mir mit einem Schlag heiß und schwindelig, weil ich fühle, wie ich mich über ihn beuge und er sich aufrichtet und seinen Körper an mich drückt, damit wir so dicht zusammen sind, wie man weiß Gott nicht dichter zusammen sein kann, und alles vermischt sich, die Lust und ein Lachen, das nur zufällig kein Weinen ist, weil dieses Gefühl, das ich diesen Menschen niemals verraten möchte, auf eine frohe und gleichzeitig unerträgliche Weise un-glaub-lich ist.)

«Liebst du sie? Liebst du sie noch immer?»
HILFE!
Wie sollte ich diese Antwort ertragen?
«Hallo? Hallo, Fallada, bist du noch dran?»

Was zählt?

In den Tagen an der Nordsee, da hätte ich schwören können, dass er es ist, zu dem ich gehöre, durch Freud und Leid, bis zum bitteren Ende, nein, nicht bitter, bis ins Alter, wo wir uns aneinander festhalten und uns an den Abenden erinnern, wie sehr wir uns geliebt haben, und bekräftigen, dass wir uns weiterhin lieben.

O, er ist widerlich, wenn er so breit ist, sich so gehen lässt, dass man nur auf ihn spucken kann, und ungerechte Dinge sagt, die man kaum verzeihen kann. Aber was glaub ich denn, was mehr zählt? Die Stunden, in denen jemand einem nahe ist bis zum Herzzerbrechen? Oder zählt der nüchterne Alltagsblick? Wenn man erkennt, dass man sich in Wirklichkeit gar nicht versteht und gar nicht zusammen existieren kann, wenn man nicht ununterbrochen die Kraft für einen euphorischen Rausch aufbringt?

Solange der Rausch euphorisch ist, so lange ist es das Glück. Und sobald dieser Rausch zusammenbricht, weil er wohl irgendwann immer zusammenbrechen muss, ist es das kotzige Elend. Es ist, als wenn du dir wieder Ecstasy reinschmeißt, obwohl du genau weißt, dass die Tage danach grauenhaft werden, eine bittere Strafe für das Glück.

Was zählt mehr? Das Glück oder das Unglück?

Stimmt es, was Edward sagt, dass niemand glücklich sein kann, der nicht ein Risiko für seine Seele eingeht? Könnte ich je mit ihm glücklich sein?

Bevor ich heute angefangen habe, in meiner «Teufel»-Datei zu schreiben, war ich mir so sicher gewesen, dass ich vollkommen entliebt bin.

Schlafen. Und träumen

O Gott, früher habe ich Adrienne immer gesagt, sie soll seine schleimigen Entschuldigungsbriefe zerreißen. Und jetzt wäre ich selig, wenn ich so einen Entschuldigungsbrief von ihm bekäme. Stundenlang habe ich auf dem Balkon gesessen und sein Foto angestarrt, das mit dem Nagel durch seinen Kopf. Ich wollte es abreißen, aber ich habe es nicht getan. Mein Herz ist zerbrochen, und doch merke ich, dass ich ihn noch lieben muss.

Hätte ich jetzt bloß ein Bier hier oder wenigstens was zu rauchen. Ich bin vollkommen pleite, im Leben und in der Liebe. Ich will schlafen, schlafen. Und träumen.

Wenn der Hahn dreimal kräht

Die anderen hatten mich gefragt, woher ich Edward kenne und ob ich ihn schon lange kenne und ob er immer so ist. Ich wusste nicht, was ich antworten sollte, so wütend und traurig und beschämt war ich über ihn. Mir fielen alle diese Partys von früher wieder ein, wo Edward anfangs der netteste Charmeur war und dann regelmäßig seine Rede- und Wutanfälle kriegte, bis niemand ihn mehr ertragen konnte. Ich sah Adrienne vor mir, mit hochrotem Kopf, weil Edward ihr eine reingehauen hatte, und sie konnte es nicht fassen. Und zu den Mädchen aus dem Vierten also sagte ich: «Er kann nichts dafür, er ist krank und hat nur Urlaub aus der Psychiatrie.»

»»*Ich muss wieder unter meinesgleichen sein!*

Sie wollen mich rausschmeißen. Sie haben gesagt, dass nicht jeder für die Arbeit mit Behinderten geeignet ist. Sie sagen nicht direkt, dass sie mich rausschmeißen. Sie sagen nur, dass ich es mir noch einmal gut überlegen soll, ob ich die Arbeit ein ganzes Jahr lang durchhalte. Ich müsste meinen ganzen Charakter ändern, sagen sie. Ich soll nicht Animateurin sein für die Behinderten, sondern deren Arme und Beine ersetzen. Ich soll keine Verbesserungsvorschläge und Scherze machen, sondern einfach freundlich sein. Sie sagen, die Behinderten kennen schon so viele Betreuer, die merken, wenn die Freundlichkeit nicht echt ist. Ich will immer, dass sich alles um mich dreht, sagen sie, ich sollte besser mit Kindern arbeiten, die fänden das lustig, wenn man den Pausenclown spielt.

Morgen ist wieder so ein Gespräch, in dem ich mich zu allem äußern soll. Ich kann aber gar nicht richtig über die Sache nachdenken, denn ich habe ja keine Wahl. Was soll ich denn tun, wenn sie mich hier rausschmeißen? Noch ein Jahr rumgammeln, das überleb ich nicht. Und ich überleb auch nicht, wenn alle wieder sagen, dass ich meine Zeit verschwende und meine Jugend vertue.

Ich gebe mir doch schon die größte Mühe! Noch nie vorher hab ich mich für etwas so angestrengt. Jetzt habe ich eine alte Frau, 79 Jahre alt, Herta Biedermann, der Name ist Programm. Sie will ihre Sofakissen genau ausgerichtet haben, und es ist ihr vollkommen egal, dass ich zehn Minuten brauche, bis ich endlich mit den blöden Sofakissen fertig bin. Die regt sich so grausam auf, wenn ich es nicht ganz genau so mache, wie sie es will. Natürlich versteh ich, dass die Behinderten nicht entmündigt werden wollen, aber dass man so gar kein bisschen Dankbarkeit für diesen Scheißjob erntet, das verstehe ich nicht. Dass man den Neger machen soll, das ertrag ich nicht. Im Grunde denke ich immer noch, man sollte die alle umbringen, oder nein, das nicht, aber abtreiben, sobald man weiß, dass es ein behindertes Leben wird. Ich kann es nicht ändern, dass ich immer im Hinterkopf denke, die leben von unseren Steuern ein sinnloses Leben, und ich bin der Sklave, dem man nicht mal danke sagt. Die anderen Mädchen, die sind so sozial, die wollen ja später auch alle in dem Bereich arbeiten. Ich bin die Einzige, die das alles eigentlich gar nicht will. In den Gesprächen, wo sie mich prüfen, da sag ich das natürlich nicht. Ich sage: «Ich möchte so gern weitermachen, ich hab mir das nun mal vorgenommen, es ist mein Ziel, das durchzuhalten.» Aber in Wirklichkeit ist es ja gar nicht mein Ziel.

Ich will für ein Jahr nach Amsterdam, in irgendeinem Hotel arbeiten oder so was. Ich muss wieder unter meinesgleichen sein, vernünftige Leute, die allein durchs Leben gehen können. O.k., ich geb's ja zu, bis jetzt kann ich noch nicht allein durchs Leben gehen, aber trotzdem muss ich hier weg. Ich kann das Geruckel und Gezappel und Zittern und Sabbern und Augenverdrehen nicht mehr ertragen. Ich geh in eine Werbeagentur oder werde Versicherungskauffrau, so eine miese, fiese Versicherungskauffrau, Mann, das würde mir Spaß machen, diesen ganzen armen Schweinen eine möglichst gemeine Versicherung anzudrehen!

Und jetzt ist mein Bein auch wieder hinüber. Ich geh schon wieder an Krücken! Und die Leute im Büro, die dürfen das nicht merken, sonst schmeißen die mich wirklich raus. Heute Morgen ging ich also vor acht Uhr los, bevor der Drache Mahlzahn seinen Platz besetzt hatte, und wenn ich mittags um zwölf Schluss habe, dann muss ich mich noch vier Stunden irgendwo rumdrücken, weil bis 16 Uhr immer noch jemand im Büro ist und die mich sehen könnten. Und außerdem muss ich noch monatelang die Beinschiene tragen, dieses Monstrum, ohne das sie mir mein Bein operieren müssten. Ich werde nie wieder eine Hose anziehen können, denn da passt keine Hose drüber. Und die Schiene über der Hose? Das sieht ja unmöglich aus! Wie eine Behinderte, wie ein Krüppel!

Ich habe Angst.

Lieber Edward!

Ich will dir sagen, dass sich mein Herz zusammenzieht bei der Vorstellung, du könntest nicht mehr mit Liebe an mich denken und ich deshalb auch nicht mehr mit Liebe an dich.

Als ich dein Bild an die Wand nagelte, wusste ich doch genau, dass du mich nicht vergessen hast. Ich war zwar wütend und fast verzweifelt, weil du mich nicht angerufen hattest, aber in Wirklichkeit konnte ich dich zu gut verstehen. Du hattest dieselben Gründe wie ich. Wir waren gleich.

Jetzt aber, jetzt ist alles anders: Du weißt, dass ich sehnsüchtig auf deinen Anruf warte, und ich weiß nichts von dir.

Ich hatte Vertrauen zu dir. Ich dachte, ich könnte, wo und wie auch immer, einfach so sein, wie ich bin. Aber das ist wohl genau die Illusion, der man sich nie, niemals hingeben sollte! Ich hatte die Illusion, dass du mich liebst.

Du aber hast gesagt, man sollte Leute wie mich ins KZ stecken, und hättest mir beinahe eine geknallt. Und nun meldest du dich nicht.

Wir sind nicht mehr gleich, nicht mehr gleichberechtigt. Ich krieche vor dir auf den Knien, ich bettele diesem Gefühl für dich hinterher, und es macht mir noch nicht mal was aus, mich so zu demütigen. Wenn ich mich getäuscht habe, dann bin ich sowieso durch mit der Liebe.

Aber kann es denn sein, dass du nicht mehr mit mir reden willst? Nicht mehr mit mir schlafen? (Erinnere dich!) Dass du mich fahren lässt für Jessika und Konsorten?
«Erklär mir, Liebe, was ich nicht erklären kann!»
Oder fahre dahin.
Palma

»»» *Als spielt ich noch immer Komödie*

Ich sitze auf meinem Balkon, starre abwechselnd auf das Foto von Edward und auf die öde Fabrikfassade von gegenüber. Ich werfe dem Teufel keine Krücke mehr nach. An der Liebe zu zweifeln ist ganz genau so schrecklich, wie ich es mir immer vorgestellt hatte. Ich kann nur verächtlich auflachen, wenn ich versuche herauszubekommen, was ich wirklich fühle. Ich weiß es nämlich nicht! Vielleicht spiele ich selbst nur in einer inneren Show mit, und wenn die vielen Stimmen schweigen, dann spricht auch kein Gefühl mehr. Dann ist es nur noch totenstill.

Ich bin in Sarahs Zimmer rübergehumpelt, in der Hoffnung, dass sie vielleicht eins ihrer Gedichte für mich parat hat. Erst dachte sie, ich komme, weil Jessika nicht mehr meine Klientin sein will, denn das ist natürlich immer eine Niederlage, wenn nicht wir einen Klienten ablehnen, sondern ein Klient uns.

«Liebeskummer?», fragte sie erstaunt. «Ist irgendwas mit deinem Simon?»

Erst da wurde mir klar, dass ich an all den besoffenen Abenden niemals von Edward erzählt hatte, sondern immer nur von Simon, dem Treuen, dem Ruhigen, dem tumben Retter, der da ist, wenn ich ihn brauche, der sich verzieht, wenn ich ihn nicht brauche (und den ich genau deshalb nicht lieben kann).

«Nein», sagte ich, «es ist Edward ...»

Es ist Edward.

Jedes andere Mädchen hätte jetzt aufgekreischt und wie und was gefragt, aber nicht so Sarah, obwohl sie doch das Bier ins Gesicht gekriegt hatte.

«Kann ich verstehen», sagte sie nur. «Er hat was.»

Und ich sagte heftig und erleichtert: «Ja, ja, natürlich hat er was!»

Ich erzählte ihr so ungefähr die ganze Geschichte.

«Sarah», sagte ich, «das Schlimmste ist, dass ich dachte, ich könnte das alles abtun. Selbst als ich den Brief an Edward schrieb, hatte ich die ganze Zeit das Gefühl, ich könnte ebenso gut einen ganz anderen, sehr bösen Brief schreiben. Oder auch einfach gar keinen. Wir waren in Amsterdam zusammen, und danach hat sich eigentlich alles nur noch in der Phantasie abgespielt. Aber ich komme da nicht raus. Ich bin so traurig.» Ja, das sagte ich. Heute Nachmittag, und ich war weder bekifft noch besoffen.

Sarah hatte ein Gedicht für mich:

«Heinrich Heine», sagte sie. «Der ist immer eine gute Medizin in Sachen Liebeskummer, hör zu:

> Nun ist es Zeit, dass ich mit Verstand
> Mich aller Torheit entled'ge.
> Ich hab so lange als Komödiant
> Mit dir gespielt die Komödie.
> Die prächtigen Kulissen, sie waren bemalt
> Im hochromantischen Stile,
> Mein Rittermantel hat goldig gestrahlt,
> Ich fühlte die feinsten Gefühle.»

«Schön und gut», unterbrach ich sie, «aber ...»
 «Hör zu!

> Und nun ich mich gar säuberlich
> Des tollen Tands entled'ge,
> Noch immer elend fühl ich mich,
> Als spielt ich noch immer Komödie.
>
> Ach Gott! Im Scherz und unbewusst
> Sprach ich, was ich gefühlet;
> Ich hab mit dem Tod in der eignen Brust
> Den sterbenden Fechter gespielet.»

Es ist gut, wenn man wenigstens jemanden hat, der sich in Gedichten auskennt.

Eine Kick könnte ich jetzt brauchen

Ich kann nicht gehen, nur mit Krücken. Gestern und heute war ich bei Klienten, denen ich irgendwie verklickern konnte, warum ich bei ihnen Dienst habe, aber eigentlich nichts tun kann. Sissi hat mich sogar einfach nach Hause geschickt. Ich muss morgen zum Arzt und mich doch krankschreiben lassen.

Außerdem habe ich mich mit Simon gestritten, ganz schrecklich und für immer, und seitdem muss ich an Adrienne denken und daran, wie unsere Freundschaft zerbrochen ist. Ich hasse es, daran zu denken, weil ich Adrienne nicht verzeihen kann, dass sie Schluss mit mir gemacht hat, und zwar nicht wegen irgendetwas Wirklichem, sondern wegen «meiner Haltung zur Welt», hatte sie gesagt, die könnte sie nicht mehr ertragen.

Es war in der Zeit, als ich immer mit Kräwitz abhing, Kräwitz, der uns gezeigt hat, was eine «Kick» ist, das heißt, nicht allen hat er das gezeigt, sondern nur einigen Auserwählten. Kräwitz hatte ja diese Art, einen beiseite zu nehmen und zu sagen: «Du bist gar nicht so dumm, du könntest begreifen, was wirklich wichtig ist, du jedenfalls eher als, zum Beispiel, Adrienne.»

Und dann durfte man mitkommen in seine verkommene kleine Wohnung in der Proletengasse, wo er allein mit seiner ungeheuer dicken Mutter wohnte. An der Wohnungstür hing ein altes Namensschild aus der Zeit, als sein Vater noch nicht ausgezogen war: «Hier wohnen

Thomas und Beate Kräwitz» stand da und, mit Kinderschrift darunter gekrakelt: «Und ich!»

Eine Kick war für uns damals eine große Plastikcolaflasche, in die man seitlich ein Loch reinschneidet. In dieses Loch wird ein (arschteures) Metallrohr gesteckt und an den Nahtstellen gut mit Klebeband abgeklebt. Auf das Rohr kommt der Joint, in die Flasche Wasser, und dann zieht man durch den Flaschenhals den Rauch mit aller, aller Kraft rein. Das «kickt» so gewaltig, wie man es beim einfachen Jointrauchen niemals hinkriegen würde.

Einmal hat Kräwitz mit Edward einen Wettkampf ausgetragen, im Sommer, am Badesee. Sie sind beide auf einen großen Baum direkt am Wasser gestiegen und zogen sich dort oben ihre Kicks rein. Dann zählten wir alle laut bis zehn, und sie sprangen in den See: Wer zuerst auftaucht, hat verloren. Es dauerte ziemlich lange, bis Kräwitz wieder auftauchte, aber Edward kam gar nicht mehr hoch. Wir kriegten die Panik, weil wir ja auch schon alle ziemlich breit waren. Da kam er endlich an die Oberfläche. Wir zogen ihn an Land, und er musste sich übergeben, mindestens eine halbe Stunde lang. Dann setzte er sich auf, grinste und sagte, er hätte sich unter Wasser an irgendwelchen Wurzeln festgehalten, mit Absicht. Da war Adrienne schon nicht mehr mit Edward zusammen, aber ich glaube, sie hätte spätestens in diesem Moment mit ihm Schluss gemacht.

Kräwitz sagte immer, dass man beim Rauchen durch fünf Dimensionen aufsteigen kann, aber von uns würde wohl keiner jemals die fünfte Dimension der absoluten

Erkenntnis erreichen. Er selbst sei bis zur vierten Dimension gelangt und wüsste genau, wie nichtig und verlogen das normale Leben wär. Er hat große, glänzende Augen und ist wahnsinnig dünn. Er hatte nie was zu essen, weil er sein ganzes Geld für Hasch ausgab. Uns lud er immer ein, denn er verstand sich gut mit den Dealern von unserem Asylantenheim und kriegte es billiger. Wir brachten ihm dafür belegte Brötchen und Schokolade mit.

In der Schulzeit war er wie ein Guru für uns. In der Raucherecke stand eine Holzbank, auf der hatten nur fünf Leute Platz, und Kräwitz bestimmte, wer dort in welcher Reihenfolge sitzen durfte. Es war immer eine große Ehre, wenn er einen von uns neben sich sitzen ließ, und ganz bestimmt hätte ich es nicht freiwillig aufgegeben, neben ihm zu sitzen.

Ich musste es dann unfreiwillig aufgeben, weil ich wegen der ewigen Kifferei von der Schule flog und ins Internat kam, ja, ja.

Er nahm uns auch immer mit zu den Gottesdiensten der «Jesus!»-Gemeinde. Mir gefiel das gut. Die Jesusleute nennen Gott «Papa» und tragen T-Shirts mit der Aufschrift: «Jesus macht dich high!» Bei den Gottesdiensten läuft laute Musik, und nacheinander stehen alle auf und rufen: «O Papa! O Jesus!» Manche fallen dabei sogar um, aber keiner von denen konnte so eine Show abziehen wie Kräwitz. Er verdrehte die Augen, zuckte am ganzen Körper, schmiss sich platt auf den Rücken oder kletterte auf das Rednerpult und schrie: «Jesus! Jesus!» Zuerst dachten die Jesusleute, dass er ganz besonders stark an Gott glaubt und vielleicht sogar erleuchtet ist, aber irgendwann stellten sie die Musik ab und fragten ihn, ob er es wirklich ernst meint. Kräwitz fing an zu weinen. Er fiel auf die Knie und rief: «Papa ist mein Zeuge!» Da schämten sie sich und ließen ihn weitermachen. Wenn wir wieder rauskamen, lachten wir uns tot und freuten uns schon auf das nächste Mal. Nur zum Schluss, da beschlossen sie, eine Teufelsaustreibung bei Kräwitz zu veranstalten, und schließlich kriegte er Hausverbot.

Adrienne weinte

Adrienne konnte nicht verstehen, was mich zu Kräwitz zog. Und zu seiner Kick. Sie schrieb mir einen Brief, der war noch einmal in einen Extraumschlag gelegt, auf dem stand: «Bitte nüchtern lesen, bitte!» Sie schrieb: «Ich weine, weil ich weiß, dass es aus ist zwischen uns.» Sie schrieb, dass ich vor mir selbst fliehe und dass sie mir nicht mehr folgen kann und will und dass sie mich nie wieder sehen will, weil sie gemerkt habe, dass sie mich verachtet «für meine Haltung zur Welt».

Ich weiß noch, dass ich gelacht habe, ein echtes, harmloses Lachen, wie über einen guten Witz. Den Brief heftete ich an die Wand über meinem Bett, und lange Zeit guckte ich ihn oft mit mildem Lächeln an und dachte: «Arme Adrienne, ich brauche dich doch gar nicht.»

Boff, das saß

Simon sagt, ich wäre ein Fall für den Psychologen, weil ich nie zur Krankengymnastik gegangen bin und es geradezu darauf anlegen würde, dass mein Bein nicht gesund wird. «Warum um Gottes willen sollte ich das tun?», fragte ich.

«Ich glaube, du willst selbst behindert sein, weil dir nämlich alle anderen Ausreden ausgegangen sind, um nicht erwachsen zu werden!»

Boff, das saß. Das hätte eine Antwort von Mama sein können, in ihrer fiesesten Phase.

«Schluss!», habe ich geschrien. «Schluss! Ich will dich nie mehr sehen!»

Edward

Edward hat geschrieben, er will nicht erwachsen werden.

»»Öi, Palma, was machst du denn hier?

Ich bin auf Krücken geflohen, mit einer (inzwischen längst überzogenen) Krankmeldung für drei Tage in der Tasche, mit meinem kostbaren Laptop im Rucksack und mit der eigenartig verrückten Gewissheit, dass Edward froh sein muss über mein Kommen (sein Briefchen kam und ich stellte ein grünes Blättchen auf und zündete es mit klopfendem Herzen an: Es brannte und flog in Wirbeln hoch und sank dann in meine Hand).

Und es war Bördeler, der ewige Bördeler, der mir die Tür zu Edwards Studentenwohnheimzimmer öffnete, vollkommen verschlafen und mit zerstrubbelten blonden Haaren.

«Öi, Palma, was machst du denn hier?», sagte er. Und grinste.

»»Edwards Zimmer

Heute Abend bin ich allein in Edwards Zimmer. Ich sitze an seinem Schreibtisch und habe meinen Laptop eingestöpselt, Datei «Teufel». (Die ganzen Tage hier habe ich überhaupt kein teuflisches Gefühl.) Edwards Zimmer ist eigentlich sehr schön (ich sage «eigentlich», weil es im Moment mit Bördeler und mir eher einem

Zimmer im überfüllten Asylantenheim ähnelt). Unterm Fenster steht eine grüne Schiffskiste mit der aufgemalten Jahreszahl 1882 (Quersumme ist eine Primzahl ...). Edward behauptet, sie stamme von seinem Urgroßvater mütterlicherseits, der als Kapitän zur See gefahren ist, auf einem Segelschiff. Auch einen großen, dunkelbraunen Stuhl mit halbhoher Lehne hat er von seinem Urgroßvater geerbt. Auf diesem Stuhl sitze ich jetzt, aber wenn Edward im Zimmer ist, darf sich niemand anderes draufsetzen, auf seinen «Kapitänsstuhl». Meine Zigaretten schnippe ich in einen riesengroßen Messingaschenbecher mit einem Vogel, in dessen geöffneten Schnabel man seine Zigarettenpackung klemmen kann. Aber das Verrückteste ist: Edward hat eine ganze Zimmerwand mit Buchseiten tapeziert. Es sind alles schon etwas angegilbte Seiten aus einem einzigen Buch. «Damals bei uns daheim» heißt es, von Hans Fallada, ich kenne es ja und habe es damals mit schaudernder Begeisterung gelesen. Edward sagt dasselbe über das Buch wie ich: Es ist unheimlich und tröstlich zugleich, dass bei diesem Hans aus allerbürgerlichstem Hause alle Situationen, die man selbst so gut kennt, noch eine Nummer schlimmer ausgehen als bei unsereins.

Es ist sehr geordnet, Edwards Zimmer, und ich bewundere ihn dafür, dass er solche Chaoten wie mich und Bördeler ohne Umstände darin hausen lässt.

»» *Edward ist mir fern – warum?*

Aber haben wir unseren Streit wirklich überstanden?

Ich war Edward so viel näher in Amsterdam. Wie leicht war es gewesen, Simon abzuhängen, und es verband uns, dass wir ihn abhängten, ich, seine Freundin, und er, sein Freund. Wir hatten gar kein Mitleid mit Simon, kein schlechtes Gewissen, wir haben einfach nie über ihn gesprochen, und ich habe kaum an ihn gedacht. Diese verliebte Rücksichtslosigkeit, auch die hat mich so mit ihm verbunden.

Ich war ihm so nahe, als ich sein Bild an die Balkonwand hämmerte. Ich hatte das Gefühl, dass er das Teuflische, das in mir steckt, versteht, weil auch er etwas Teuflisches an sich hat. Ein gefallener Engel, der die «Brüder Löwenherz» liebt und trotzdem immer wieder die Verlockung spürt, böse zu sein.

Jetzt aber ist er ein guter Engel, so gut, dass ich manchmal richtig beschämt bin. Und manchmal richtig wütend.

Warum nur können wir Bördeler nicht abhängen?

Warum schmeißt du ihn nicht raus?

Eigentlich sollte es heute so sein, dass Edward allein ins Kino geht, damit wir Bördeler morgen vorschlagen können, auch mal allein ins Kino zu gehen, und Edward und ich endlich, endlich wieder mal nur zu zweit sein können. (Ja, Edward macht es schrecklich kompliziert, weil Bördeler nichts von unserer Beziehung wissen soll, um es nicht aus Versehen Simon zu verraten.
«Schämst du dich vor Simon?», fragte ich ihn.
«Nein», sagte er, «wer liebt, hat Recht.»
«Liebst du mich?», fragte ich.
«Ich will dich lieben», sagte er.)
Im letzten Moment beschloss Bördeler aber, doch mitzukommen: «Mensch Edward, so allein ist doch blöd.»
Es nützte nichts, dass ich aufschrie: «Nein, Bördeler, du bleibst gefälligst hier!» Obwohl er sich daraufhin brav wieder aufs Bett fallen ließ. Edward zog ihn hoch und wollte auch mich hochziehen: «Komm, lass uns zu dritt gehen.»
Edward ist einfach zu gutmütig. Gestern haben wir über Bördelers Zukunft geredet. Wir saßen beim Frühstück. Bördeler hatte noch immer seine piekfeine Anzughose an, die von der Abschlussfeier seines Internats. Er fraß einen ungetoasteten Toast nach dem anderen und sagte immer nur: «Nee, ich will nicht nach Hause. Oder frühestens am Wochenende.» Er findet es auch ganz schön eng zu dritt in diesen 18 Quadratmetern, aber weil

er schon fünf Tage länger bei Edward wohnt als ich, kommt er gar nicht auf die Idee, dass er es sein müsste, der sich allmählich mal verzieht.

«Dann ruf wenigstens deine Eltern an und sag, dass sie dir Geld schicken sollen!», sagte ich. Er behauptete, das hätte er schon längst getan, aber sie wollen nicht. Sie wollen, dass er jetzt, wo die Internatszeit zu Ende ist, entweder nach Hause kommt oder sich einen Job sucht für die drei Monate, bis sein Zivildienst anfängt.

«Warum schmeißt du ihn nicht einfach raus?», frage ich Edward verzweifelt. Er lacht. «Ach, Palma, es gibt zwei Dinge, die man nicht tun darf: Junge Katzen ertränken und einen Bördeler auf die Straße setzen.»

Er hat Recht, ich weiß es ja.

»»So ist Bördeler

Bördeler ist sehr groß, er ist sehr dünn, er hat diese verwaschenen wasserblauen Augen und hellblonde Haare, die er sich immer selbst schneidet, um das Geld für den Friseur einzustecken. Wenn er geht, dann mit vorgebeugtem Oberkörper und die Hände in der Tasche seines Kapuzenpullovers. Die Kapuze hat er, ob drinnen oder draußen, meistens über den Kopf gezogen, so weit, dass nur noch seine große Nase hervorsticht.

Ich kann kaum glauben, dass er wirklich seit gestern

sein Abizeugnis in der Tasche hat, denn seit ich ihn kenne, und ich kenne ihn jetzt seit fünf Jahren, geht Bördeler in die Oberstufe. Inzwischen ist er 22.

Früher hatte er nie Geld, weil seine Eltern ihm nur 25 Mark im Monat gaben, den Rest sollte er sich dazuverdienen, durch Spülmaschineausräumen oder Fensterputzen. Aber Bördeler weiß ja noch nicht mal, wie man eine Spülmaschine aufmacht.

Wenn er einen Freund trifft, dann sagt er immer als Erstes: «Öi, hast du mal ne Kippe?» So komisch rau und aus dem Hals heraus sagt er das, mit seinen vorgestülpten Lippen. Er hat drei Schwestern, die haben dieselben blonden Haare und dieselben wasserblauen Augen wie er, aber sie sind hübsch, was man von Bördeler ganz gewiss nicht sagen kann. Trotzdem hatte sich Sabrina in ihn verliebt. Auf dem Schulhof, an der Skaterrampe, hat sie geweint und ihm gesagt, dass sie ihn liebt. Und er, er sagte: «Ach so, hm, na ja.»

Eigentlich interessiert er sich nicht sonderlich für Mädchen, aber trotzdem kam er drei Tage jeden Abend zu ihr rüber. Er gab ihr einen Begrüßungskuss, setzte sich vors Kabelfernsehen, aß eine warme Mahlzeit mit der Familie und ging wieder, immerhin mit Abschiedskuss. Bördeler hatte zu Hause kein Kabelfernsehen, und zu essen gab es da auch nichts Richtiges, seine Eltern sind beide Zahnärzte und haben keine Zeit.

Nach drei Tagen machte Sabrina mit ihm Schluss, und da war er ziemlich sauer: «Erst heulst du rum, und dann machst du einfach Schluss!» Das hat er ganz laut geschrien, das erste und einzige Mal, dass ich mitgekriegt habe, wie Bördeler sich aufregt. Danach hat er erst wieder auf seiner Abiparty was mit einem Mädchen gehabt, und das, obwohl ihn manche Mädchen wirklich mögen.

Als Bördeler noch zu Hause wohnte, da gehörte ihm ein winziges Zimmer unter dem Dach. In diesem Zimmer hatte er schon immer gewohnt. Es war ganz mit Holz ausgeschlagen, eigentlich gemütlich. An der Wand hing ein Poster vom Räuber Hotzenplotz, und er hatte noch alle seine Kinderkassetten und die Teddybären.

Niemand in der Familie merkte, wie oft er bekifft war. Bördeler kriegte immer irgendwoher Hasch, so, wie er immer irgendwoher seine Kippen kriegte. Ohne Anstrengung war er mit den richtigen Leuten zusammen. Jeder teilte gern mit ihm, weil jeder ihn bemitleidete, Bördeler Ohnegeld. Ich kenne niemanden, mit dem die Leute so gerne geteilt hätten wie mit Bördeler. Sie haben sich lustig über ihn gemacht, aber sie teilten gern mit ihm.

Eigentlich ist Bördeler ein Einzelgänger. Er redet nie mit, wenn wir alle zusammen sind. Er macht nie selbst einen Witz, aber er lacht über jeden Witz, so ein komisches Lachen: «Hö, hö, hö.» Und alle lachen mit, weil Bördeler lacht. Deshalb wird er immer zu den Partys eingeladen. Wenn er mal nicht kommt, dann fragen alle: «Wo ist Bördeler?» Und einer wird losgeschickt, um ihn aus seinem Kinderzimmer zu holen.

Wenn in unserer Stadt (ich meine die kleine Stadt, wo wir alle herkommen) eine Party läuft, dann kommt Bördeler aus seinem Internat angereist. Bei der letzten Abiparty hatte er mal wieder ein Bier zu viel getrunken. Vor der Schule parkte ein Polizeiauto. Bördeler lieh sich ein Feuerzeug und sagte laut und langsam: «Ich kratz hier jetzt *Scheißbullen* rein.» Dann fing er an mit dem Kratzen. Wegen der Kapuze über seinem Kopf merkte er nicht, dass die «Scheißbullen» zurückkamen. Er kratzte noch fröhlich weiter, als sie schon hinter ihm standen. Am nächsten Tag stand es in der Zeitung, unter der Rubrik: Was so passiert. Wir haben alle gelacht und gesagt: «Bördeler! So ist Bördeler!»

Ach, ein großer Bruder

Ich hab Bördeler gern. Früher sind wir manchmal zusammen an den Fluss runtergegangen und haben uns in aller Ruhe unterhalten. Man muss schon Geduld haben, wenn man mit ihm reden will, aber am Fluss, der träge vorbeizieht, gegenüber vom Anlieger, wo das Ausflugsschiff langsam auf und nieder schaukelt, da kam mir oft der Gedanke, dass ich ihn gern als großen Bruder hätte, einen, an dem die Unbilden des Lebens einfach so abgleiten und der mich mit seiner Ruhe anstecken könnte.

Eine komische Art, sich auf Studentensex einzustellen

Edwards Zimmer ist ein gutes Zimmer. So gut und klar, wie meine Zimmer niemals sein werden. Allerdings, wenn ich mich jetzt so umgucke, dann erinnert es mich stark an meine Zimmer. Es ist ja kein Platz mehr im Wandschrank, und deshalb liegen die meisten meiner Sachen irgendwo auf dem Fußboden rum. Zum Glück hat Bördeler so gut wie nichts dabei (er bedient sich immer bei Edwards Klamotten, die ihm allerdings alle zwei Nummern zu klein sind. Heute Morgen erwischte ich ihn dabei, wie er meine Zahnbürste benutzte. Er sagte: Ist ja gut, aber guck dir mal Edward seine Zahnbürste an, wie die aussieht, die kann man ja nicht mehr nehmen.)

Und Edwards Bett ist zusammengekracht, der ganze Lattenrost ist hin, und das schon zum zweiten Mal! Das erste Mal passierte es, gleich nachdem ich angekommen war, als Edward aus der Uni zurückkam und es nicht fassen konnte, dass ich einfach da war.

Ich schickte Bördeler zum Zigarettenholen los: «Hier haste fünf Mark, aber bring die ägyptischen!» (Die gibt's nur in der Innenstadt.)

Zu Anfang lagen wir nur ganz still und nackt und ehrfurchtsvoll nebeneinander. Ich hörte Edwards Herz schlagen, das ganz laut schlug, und für einen kleinen Moment dachte ich sogar, ich will gar keinen Sex, ich will einfach weiter die Augen schließen und einschlafen und gar nicht mehr aufwachen. Doch als wir uns küssten und er mich wie aus Versehen zwischen den Beinen berührte, da war es wie ein elektrischer Schlag, wie in der einen Szene aus dem Film «Die Blechtrommel», die einzige, an die ich mich erinnere, wo die Frau und der Mann sich heimlich treffen und sich rasend schnell ausziehen, und der Mann berührt die Frau noch im Stehen zwischen den Beinen. Da schreit sie auf und geht in die Knie, weil sie plötzlich nicht mehr stehen kann, wegen dieser einen kleinen Berührung.

Aber jedenfalls krachte kurz darauf das Bett ein, nicht im Film, sondern in unserer Wirklichkeit. Bördelers Luftmatratze, die darunter lag, hat es irgendwie überstanden, aber wegen des Lattenrostes blieb Edward nichts anderes übrig, als zum Hausmeister zu gehen und einen neuen Lattenrost zu beantragen. Den brachte der Hausmeister dann später höchstpersönlich vorbei, während Bördeler und ich uns vorsichtshalber im Klo versteckten. «Na, Junge, jetzt sieh man zu!», sagte der Hausmeister, und es klang ganz nett.

Was wohl wird er sagen, wenn er morgen schon wieder einen neuen Lattenrost anschleppen soll. Sie haben hier zwar die komische Art, sich auf Studentensex einzustellen, indem sie im Keller ganze Krisenvorräte von Lattenrosten stapeln, aber peinlich ist es ja doch. Gestern, als Bördeler verschwand, weil er im Internat noch ein paar Sachen zurückgelassen hatte, die er brauchte, um sich für die Abschlussfeier am Abend fein zu machen, da krachten wir auch durch den neuen Lattenrost durch und beschlossen, dass wir ab jetzt einfach die Matratze zwischen dem Bettrahmen auf den Fußboden legen. Aber inzwischen ist klar, dass es hier absolut zu eng wird, mit dem an der Wand hochgestellten Lattenrost, dessen einzelne Latten frei in der Gegend herumsprießen. Außerdem können wir Bördelers Luftmatratze nicht mehr unters Bett schieben. Und auch meine Krücken nicht.

«Doitschland verrecke!»

Mit sicherem Instinkt kam der ewig hungrige Bördeler gestern gerade zurück, als ich auf der Suche nach was Essbarem eine verstaubte Packung Miracoli-Spaghetti gefunden hatte und das Essen fertig war. Man konnte ihn kaum wieder erkennen oder wenn, dann nur an seinen zerstrubbelten blonden Haaren, die so überhaupt nicht zu dem superteuren Leinenanzug passen, den ihm seine sonst so geizigen Eltern für die Abiabschlussfeier gekauft haben. Der Anzug ist wirklich nicht schlecht, auch wenn man keine Turnschuhe dazu tragen sollte und schon gar nicht das grauenhafte weiße Hemd, das er von seinem Onkel hat und das er so toll findet wegen der kleinen eingestickten schwarzen Rose, die, wenn man sie nicht mehr sehen kann, anzeigt, dass das Hemd gewaschen werden muss (glaubt Bördeler).

Wir essen immer an Edwards Schreibtisch, gestern sogar mit Kerze, zur Feier von Bördelers bevorstehendem Ausgang aus der Oberstufe. Bördeler zeigte uns die Abizeitung. Sie haben da eine Tabelle aufgestellt, eine Art negative Siegerliste, und in vier Kategorien steht Bördeler als Sieger da. «Ober-Schulschwänzer?»: Bördeler! «Beste Aussichten für lebenslange Arbeitslosigkeit?»: Bördeler! «Schlechtestes Abizeugnis?»: Bördeler! «Ältester Abiturient seit 20 Jahren?»: Bördeler!

«Hö, hö, hö», lachte Bördeler und wischte mit einer Gabel voller Tomatenspaghetti eine rote Spur über sein weißes Onkelhemd. «O!»

«Du weißt ja, wo meine Sachen sind», sagte Edward. «Nimm dir was.»

«Und ihr wisst ja wohl, dass ihr zur Party eingeladen seid!», sagte Bördeler. «Nehmt man das Sixpack mit, kann nich schaden.»

Wir dachten, es wäre eine von diesen Partys, wie sie an unserer Schule immer gefeiert wurden. Wir wussten ja nicht, dass es ein ganz exklusives Internat gewesen war, auf das Bördelers verzweifelte Eltern verfallen waren. Die Feier fand in einem Luxusrestaurant statt, mit einer Garderobenkontrolleurin, die unser Sixpack konfiszierte und kritisch meine Krücken begutachtete. Alle außer uns waren wie zum Opernball gekleidet.

Wir waren ziemlich spät dran und drückten uns zum Tisch von Bördelers Eltern durch. Der Vater, ein finsterer Albtraum-Zahnarzt, den man nie und auch heute nicht ohne seine Zigarre sieht, nickt seinem Sohn zu und würdigt uns keines Blickes, obwohl ich doch nicht gerade unauffällig war mit meinen Krücken, die ich an den Tisch lehnte. Die Mutter aber (sie ist es, die allen ihren Kindern die blonden Haare und blauen Augen vererbt hat), sie starrt entsetzt auf Bördelers bekleckertes Hemd. «O, öh», stottert Bördeler, weil er ein T-Shirt von Edward in der Hand hält, das er eigentlich vorher auf dem Klo hatte anziehen wollen. Und er zieht ab, um das Klo zu suchen, während auf der Bühne schon die Vorbereitungen zur feierlichen Zeugnisübergabe getroffen werden.

Edward und ich lassen uns schnellstens vom Kellner ein Bier bringen. Bördelers Eltern kennen uns, aber sie reden kein Wort mit uns, sondern tauschen nur unruhige Blicke, weil Bördeler nicht zurückkommt und unter allgemeinem Beifall die ersten Zeugnisse vergeben werden, Abromeit heißt gerade einer, jetzt kommen schon die B dran, Bördeler, wo bleibst du, selbst ich werde richtig aufgeregt, wo bleibt er nur?

«Maximilian Bördeler!», wird aufgerufen. Pause. Die Mutter will gerade aufstehen. «Ma-xi-mi-lian Bör-de-ler! Ah, der junge Mann will sein Zeugnis doch noch in Empfang nehmen ...» (Der Tonfall dieses Direktors erinnert mich nur zu gut an den Tonfall meines ehemaligen Direktors, diese bemühte Ironie, die kurz davor ist, in Jähzorn umzukippen, weil man alle Bemühungen um einen schon fast Verlorenen nicht würdigt, o, ich kenne diesen Ton.)

Bördeler geht traumwandlerisch nach vorn, und als er sein Zeugnis in der Hand hat, wendet er sich, wie es sein muss, dem Publikum zu, eine Hand in der Hosentasche, und da sehen alle, dass der einzige Knopf seiner Anzugjacke fehlt, das heißt, sie sehen genau das T-Shirt, das er trägt und auf dem steht: «Doitschland verrecke!»

Der Lachanfall

Ich liebe Edward! Ich liebe ihn (auch) dafür, dass er einen Lachanfall bekam. Seine Art von Lachanfall, die unnachahmlich ist, Anfälle, denen er jedes Mal rettungslos ausgeliefert ist und ebenso alle, die in seiner Nähe sitzen (von gewissen Ausnahmen, wie in diesem Fall Bördelers Eltern, einmal abgesehen). Zuerst war ich fast genauso entsetzt, wie all die braven Leute ringsum. Ich wünschte, auch ich hätte das Abi, als Ober-Schulschwänzerin und Älteste seit 20 Jahren und als Allerschlechteste, egal, ich hätte es so gerne. Es ist schrecklich, kein Abi zu haben, wenn alle Freunde das Abi haben und studieren und sich erst mal für die nächsten Jahre sicher fühlen können. «Ich bin Student», können sie sagen, und niemand fragt weiter nach. Was ich habe, ist ein völlig unnützer Realschulabschluss, mit dem ich nichts anfangen kann, weil ich keine Bürokauffrau werden will oder Erzieherin oder Tischlerin oder Friseuse. Ich hatte nicht mal schlechte Noten und bekam in unserem abgedrehten Internat als eine der Ersten das Zeugnis überreicht. Ich war erstklassig angezogen, als ich vor allen Leuten mein Zeugnis entgegennahm, und dort auf dem Podest, da fühlte ich mich verdammt cool, weil niemand, niemand geglaubt hätte, dass ich es schaffen würde. Alle meine Mitschüler jubelten und schrien: «Palma! Palma!» Aber als ich damals zu meinem Platz zurückging und mich wieder neben meine Mutter setzte, da sagte sie: «Vergiss nie, dass du den Abschluss nicht verdient hast!» O, und dort oben auf dem Podest, da hatte ich gerade vergessen können, dass es Mama gewesen war, die durch ihre Beziehungen erreichen konnte, dass sie mich nicht von der Schule schmissen, sondern mir im Gegenteil sogar noch erträgliche Zensuren gaben.

Ich starrte Bördeler an, wie er grinsend auf der Bühne stand und wahrscheinlich gar nicht wusste, dass er mit sicherem Griff genau das abwegigste aller möglichen T-Shirts aus Edwards Schrank gegriffen hatte. Und dann hörte ich Edwards leises Aufstöhnen. Ich sah ihn kurz an und sah sofort wieder weg, aber es war zu spät. Ich hatte gesehen, wie Edwards Gesicht unter den seit meiner Ankunft wieder blauen Haaren sanft rot angelaufen war, wie er die Luft anhielt und die Hände vor die Augen schlug. Er kicherte, und noch hörte es sich an wie ein vorsichtiges Husten. Ich sagte: «Edward, nein!», und schon musste ich plötzlich selbst aufjuchzen, so, wie Edward es tat. Er fing an zu lachen, noch nach innen, mit einem komischen Einsaugen der Luft, wobei er mir einen hilflosen Blick zuwarf, der mich vollends aus der Fassung brachte, so ein hilfloser Blick, wie ihn kleine Kinder haben, wenn der Vater damit anfängt, sie durchzukitzeln.

Fast gleichzeitig brach unser Lachen aus, nichts konnte uns aufhalten, und während Bördeler so traumwandlerisch, wie er die Bühne bestiegen hatte, die Stufen herunterschritt und den Weg zu seinen Eltern suchte und während diese Eltern schon damit begannen, ihre Utensilien zusammenzupacken, weil sie offensichtlich vorhatten zu gehen, währenddessen lachten Edward und ich, lachten und lachten, es war völlig unmöglich, damit aufzuhören, und selbst, als wir einen Moment aufhörten, als Bördelers Eltern aufstanden nämlich und ohne ein Wort, noch bevor ihr Sohn den Tisch wieder erreicht hatte, auf dem Weg nach draußen waren, selbst in diesem kurzen Schockmoment mussten wir uns nur einen einzigen Blick zuwerfen, um wieder loszuprusten.

Edward hat mir in einer der Amsterdamer Kneipen erzählt, wie oft er früher aus dem Klassenzimmer geschickt wurde wegen seiner Lachanfälle, in die er alle mitriss, die er nicht stoppen konnte und die sofort wieder aufflammten, sobald er wieder reingerufen wurde. Es war so anstrengend! Die Tränen liefen uns herunter, meine Bauchmuskeln taten weh, und es wurde nur immer schlimmer, als auch Bördeler, der erst völlig verwirrt stehen geblieben war, zu lachen begann, unschuldig und ahnungslos.

Das Tolle an Edwards Lachen ist ja, dass es so ansteckend ist. Ich will nicht gerade behaupten, dass alle Eltern oder gar der Direktor lachte, aber es lachten doch sehr viele Leute, und tatsächlich war es am Ende so, dass Bördeler genau deshalb, weil er dieses T-Shirt getragen hatte, sehr leidenschaftlich von der ehemaligen Stufensprecherin geküsst wurde, später, als die Veranstaltung dann doch noch so was Ähnliches wie eine Party wurde. Ich tanzte, indem ich mich ohne Krücken an Edwards Hals hängte.

»» *Ach, hätten wir doch nur zwei Zimmer*

Edward ist in der Uni. Bördeler sitzt auf der Fensterbank und liest sich zum zehnten Mal durch sämtliche Tim-und-Struppi-Comics. Gestern haben wir ihn wieder ägyptische Zigaretten holen geschickt und einfach nicht die Tür aufgemacht, als er zurückkam und klingelte und klopfte. Als Edward dann doch nachguckte, da saß Bördeler ergeben neben der Tür und wartete einfach ab. Wir schämten uns und gingen zu dritt ins Kino, und ich hab Bördelers Karte bezahlt. Danach gingen wir essen, und Edward hat Bördeler und mich eingeladen. Bördeler besitzt schon seit Tagen keinen Pfennig Geld mehr. Ich hab auch fast nichts mehr.

Wenn wir zwei Zimmer hätten, dann hätte ich nichts dagegen, dass Bördeler hier ist. Über eine Woche schon halten wir es zusammen aus. Wenn wir in der Kneipe sind, dann fragen uns die Leute am Tisch: «Wohnt ihr zusammen?»

«Jau!»

«In einer WG?»
«Jau!»
«Und wie teuer?»
«60 Mark pro Person.»
«Mensch, wie groß?»
«Och, 18 Quadratmeter dürften es schon sein...»

Und meistens kapieren die Leute gar nicht, dass wir nicht 80, sondern 18 Quadratmeter gesagt haben.

Wir gehören zusammen

Wir gehen abends manchmal noch an den großen Fluss und setzen uns mit einem Bier unter eine der großen Linden. Nicht Simon, Edward und ich sitzen am Wasser, sondern Bördeler, Edward und ich. Und auch Bördeler soll nichts wissen von dem, was zwischen Edward und mir läuft. Es ist ein eigenartiger Reiz, dieses Geheimnis zu haben, so, als würde man seinen Geliebten, der einem jede Minute nahe ist, in allen Gesprächen siezen und nur in Gedanken duzen. Bördeler allerdings ist nicht ausgeschlossen aus unserer Nähe, im Gegenteil. Er ist so zutraulich, lehnt sich an Edward genauso wie an mich, und alles Reden bleibt beruhigend leicht und harmlos, so leicht und harmlos wie unser «Feine-Damen-Spiel», damals am Meer, als Simon betrunken neben uns eingeschlafen war. Wir reden nicht über die Vergangenheit (doch, tun wir, sogar viel, aber nicht über das «Gestern») und nicht über die Zukunft (doch, auch, über «irgendwann»), wir reden über das, was gerade ist: über die Spaziergänger, die vorbeispazieren, über die Schiffe, die vorbeifahren, über «Desert Rose» von Sting, das Edward so gut findet, wir hören es ununterbrochen von seinem CD-Player, und manchmal zwischendurch stellt Edward den CD-Player aus und steht auf und singt aus voller Brust: «Desert Rose, this memory of eden haunts us all, ellei, ellei», ohne sich um die Leute zu kümmern, und wir singen mit: «Ellei, ellei!»

»» »» *« Hör mir zu, Palma! »*

Wir saufen auch gar nicht so viel rum, wir sind eigentlich nie richtig betrunken, ich kann mich immer an alles erinnern. Nur Edward nimmt irgendwelche Pillen, damit er es schafft, zur Uni zu gehen. (Bördeler kriegt das, glaube ich, gar nicht mit, aber ich weiß es, und mit einem uneingestandenen Grausen warte ich auf den Moment, wo er es nicht mehr aushalten wird.)

Edward hat da ja seinen Professor, mit dem er über die Logik der Primzahlen arbeitet und auch über chemische Formeln, irgendein geheimes Projekt. Der Professor erwartet von ihm, dass er pünktlich um neun da ist. Edward redet so viel von ihm.

Hätten wir hier doch nur zwei Zimmer! Ich bin ja oft durchaus dankbar für Bördelers Gegenwart. Ohne ihn würde ich es vielleicht nicht aushalten, wenn Edward mir seine Nachhilfestunden in Sachen Mathematik, Physik, Chemie geben will. Und das versucht er eigentlich jeden Tag, so, als wolle er mich umpolen. Bördeler, der erstaunlich aufmerksam zuhört, der interessiert ihn dabei gar nicht, ich bin es, von der er will, dass sie versteht, was in seinem Gehirn vor sich geht, und ich weiß nicht, ob er je begreifen wird, dass das ein vollkommen aussichtsloses Bemühen ist.

Aber wie soll er es auch begreifen? Ich sage es ihm ja nicht! Ich will ja, dass es so ist wie am Strand der Nordsee, wo es wirklich Spaß gemacht hatte, über die Geheimnisse der Primzahlen zu reden. Da war es wie in den Kontaktanbahnungsgesprächen über Sternzeichen und ihre Aszendenten gewesen. In den Nächten von Amsterdam hatte ich das Gefühl, seine komischen Formeln ohne Mühe zu begreifen. (Aber, erinnere dich, Palma, auch schon da war es so, dass Edward sofort merkte, wenn ich ihm schließlich nur noch in die Augen sah und einfach nur den Klang seiner Stimme hörte.) «Hör mir zu, Palma!»

«Lass Palma mal», sagt Bördeler.

Wenn er das sagt, dann lacht Edward und lässt mich.

Der Professor

Der Professor arbeitet mit niemand anderem zusammen als mit Edward, und manchmal sagt er ihm, dass Edward sein Nachfolger werden und sein Lebenswerk fortführen soll. Er hat ihm ein Testament gezeigt, in dem er Edward sein gesamtes Vermögen hinterlassen will, und dazu gehört anscheinend eine Villa am Stadtrand mit einem riesigen Labor (und einem riesigen Schwimmbad). Er will ihm ein Auto schenken, und Edward ist sich nicht sicher, ob er das Geschenk annehmen soll, weil er die Arbeit ja freiwillig macht und es als Ehre empfindet, nicht dafür bezahlt zu werden. Manchmal lädt der Professor ihn zum besten Italiener ein, und manchmal steckt er ihm doch einen Hunderter zu (was die Tatsache erklärt, dass unser Geld nicht schon restlos ausgegangen ist). Er hat oft Geliebte, die nicht hübsch sein müssen, aber dafür einen Namen, der aus 19 Buchstaben besteht (auch wenn man dafür den zweiten Vornamen heranziehen oder eventuell abkürzen muss). Die Neunzehn, sagt der Professor, sei deshalb gut, weil sie die großartige Zahl Eins enthält, die nur durch sich selbst teilbar ist, und die mystische Neun, die sich so wunderbar durch die Primzahl Drei teilen lässt. Ich frage mich, ob der Professor nicht einfach ziemlich verrückt ist.

«Stell mich ihm vor», habe ich zu Edward gesagt.

«Zu gefährlich», meint er. (Palma Antonia Kessler, 19 Buchstaben, 19 Jahre alt?)

Deine Mutter

Liebe Palma! (schreibt Mama)
Frau Mahlzahn von deinem Büro hat bei mir angerufen und gefragt, wo du steckst. Sie sagte, du hättest eine Krankmeldung geschickt, die längst abgelaufen sei.

Was um Gottes willen ist passiert? Wie geht es dir? Liegst du irgendwo schwer krank herum und brauchst Hilfe? Oder hast du dir vielleicht einen Extraurlaub genehmigt? Beides traue ich dir zu.

Interessiert es dich, dass ich an dich denke und so sehr wünsche, dass du nicht einfach dem Augenblick nachgibst, irgendeinem schnellen Spaß hinterherläufst und noch einen Schritt weiter in die Heimatlosigkeit gehst?

Du hast einen Vertrag unterschrieben, eine Aufgabe übernommen, ein Versprechen abgegeben!

Ich habe mit Simon gesprochen. Er konnte mir nur sagen, dass er dich besuchen wollte, und du warst nicht da. Ich habe alle deine Freunde angerufen und schließlich mit Sarah aus deinem Wohnheim gesprochen, die mir nach langem Zögern sagte, du hättest ihr von einem Jungen namens Edward erzählt. Wenn das der Edward ist, den ich vom Hörensagen kenne, dann ist das keine beruhigende Nachricht.

Wohin willst du gehen, wenn diese Geschichte vorbei ist?

Frau Mahlzahn sagt, sie brauchen dich!

Palma, ich bitte dich: Denk nach!

Deine Mutter
PS: Anbei 80 Mark für die Zugrückfahrt

(Ich will nicht zurück, ich will nie zurück, ich will immer hier bleiben, für immer!)

»»*Haltet uns!*

Ich war beim Arzt, um die Krankschreibung zu verlängern. Er wollte es erst nicht tun, aber als ich ihm beschrieb, wie schwer die Behinderten sind, die ich aufs Bett oder aufs Klo heben muss, ließ er sich erweichen. Ich gehe meistens schon wieder ohne die Krücken und müsste eigentlich unbedingt meine Beinschiene tragen, aber die liegt irgendwo im Wohnheim rum, und da kann ich sie unmöglich abholen.

Gestern Nacht träumte ich von dem kleinen Jungen, der überfahren wurde. Ich musste Jessika mit ihrem Rollstuhl durch Menschenmassen zur Beerdigung schieben. Jessika hielt einen Krückstock in der Hand, mit dem schlug und stieß sie die Leute aus dem Weg, die sich vor dem Grab drängelten. Ich versuchte, sie davon abzuhalten, aber ich durfte den Rollstuhl nicht loslassen, es ging so steil bergab auf das Grab zu. Ich stemmte meine Füße in die Erde, ich schrie all den Leuten zu: «Haltet uns!», aber sie traten einfach nur zur Seite, sie gaben uns den

Weg frei, und wir rollten auf das offene Grab zu. Ich wusste, dass ich Jessika auf keinen Fall loslassen durfte. Ich wollte die Bremse treten, aber sie ließ sich nicht treten, weil ich die Beinschiene nicht angelegt hatte, und dann hingen wir beide über dem Grab des kleinen Jungen, das war so tief, ich wusste nicht, dass man die Toten so tief in der Erde begräbt.

Ich sehe dir zu

«Wie hältst du es nur aus, den ganzen Tag nichts zu machen? So gar nichts.» Edwards Frage ärgert mich, obwohl sie ganz harmlos kam, gar nicht richtig zu mir, sondern wie «beiseite» gesprochen.

«Ich mach doch was», antwortete ich.

Edward stand vor seinem Kleiderschrank und stellte sein Outfit zusammen. Er achtet unglaublich genau auf die richtige Kombination seiner Kleidungsstücke und zieht oft mehrere Sachen übereinander, zum Beispiel zwei Paar Socken, die ersten blau, die zweiten orange, die blauen Strümpfe sieht man gar nicht, aber sie passen farblich zum Rand von seinem T-Shirt. Oft hat er auch zwei Boxershorts gleichzeitig an, und auch die müssen zu seinen Pulswärmern passen, die er sich aus abgeschnittenen Strümpfen macht. Manchmal zieht er sich ein buntes Halstuch wie einen Gürtel durch die Hosenschlaufen, nicht irgendeins, sondern immer ein genau ausgewähltes. Wenn ich ihm jetzt nicht schon so oft zugeguckt hätte, wie er sich anzieht, dann hätte ich diese Genauigkeit gar nicht bemerkt (der Halstuchgürtel zum Beispiel ist ja unter dem langen T-Shirt versteckt).

«Ich sehe dir beim Anziehen zu», sage ich. (Ich will nicht sehen, wie unglaublich blass du bist und wie dunkel die Schatten unter deinen Augen sind.)

Bördeler und Edward

Edward fragt nicht Bördeler, warum er eigentlich den ganzen Tag «nichts» macht, und wenn Bördeler mich so was fragen würde, es würde mich kein bisschen ärgern. Bördeler nimmt das ganze Leben so gleichmütig optimistisch hin und ebenso die Menschen. Er problematisiert nichts, er stellt die Dinge und die Menschen nicht in Frage und kommt anscheinend nie auf die Idee, dass jemand ihn ganz grundsätzlich in Frage stellen könnte. Als seine Eltern auf der Abiparty empört aufgestanden waren, da hatten sie ihre Getränkegutscheine auf dem Tisch liegen lassen, und Bördeler, statt hinter ihnen herzulaufen oder sonst irgendwie betroffen zu sein, er sagte: «Oi, geil, jetzt kann uns nichts mehr passieren!»

Edward dagegen, er will überhaupt nicht sehen, wie das Leben wirklich ist. Er sieht es, aber er will es nicht sehen. Er trotzt dagegen an, schläft ja fast gar nicht, er weigert sich zu schlafen. Bis morgens um vier, um fünf reden wir und trinken Bier und rauchen ab und zu einen Joint, und während Bördeler und ich bis zum Mittag pennen, geht er um acht Uhr los zu seinem Professor. Er gibt nicht damit an, er macht uns keine Vorwürfe, im Gegenteil, wenn er zurückkommt, dann hat er meistens was eingekauft, nichts Richtiges zu essen zwar, aber Blumen oder ein Eis für jeden oder eine ganze Palette voller Überraschungseier oder zehn Tüten Chips «Sourcream and Dill» und immer eine Packung Toast.

Bördeler frisst den trockenen Toast und schleckt danach das Honigglas aus, weil ihm eben zuerst die Toasttüte und danach erst das Honigglas ins Auge fällt. Edward würde am liebsten gar nichts essen, und weil eben doch kein Weg daran vorbeiführt, isst er Toast und Chips oder lädt uns großartig zum Essen ein. Wenn er sich die Haare färbt (im Moment hat sein Blau genau 19 gelbe Strähnchen), dann nicht, weil er schöner aussehen will, sondern weil die Farben für ihn mit Zahlen verbunden sind und die Zahlen für ihn wie Orakel sind, die nach einer noch nicht zu Ende erforschten Formel den Verlauf des Lebens bestimmen können.

«Es ist alles noch ein Experiment», sagt er ganz selbstverständlich, «ein Experiment, das beweisen wird, dass die Mathematik ganz einfach ist, so einfach wie die Zehn Gebote.»

Und dabei glaube ich, Edward weiß in Wirklichkeit, dass das alles Quatsch ist!

»»*Das Stillschweigen*

Natürlich wollten Edward und Bördeler wissen, was in Mamas Brief steht. In der ganzen Zeit, seit ich hier bin, ist ja sonst keine Post angekommen. Ich habe ihnen gesagt, dass ich gar nicht daran denke, den Brief zu lesen, weil ja doch nichts Gutes drinstehen kann. In Wirklichkeit wollte ich nicht unser Stillschweigen unterbrechen. Das Stillschweigen über meine Flucht aus dem Wohnheim. Das Stillschweigen über unsere Zukunft.

»»*Deshalb liebst du mich?*

Liebe! Wir waren am großen Fluss. Ein kleines Toilettenhäuschen, mit grünem Dach und roten Türen. Ich ging, und Edward folgte mir. Mit einem Fußtritt schloss er die Tür, drückte mich an die Wand und küsste mich.

«Kannst du mich wirklich lieben?», fragte er, aber ich konnte nicht antworten, weil er mein Hemd hochschob und meine Brust küsste, so doll, dass es fast wehtat, er ging in die Knie und küsste meinen Bauch und zog meine Hose runter und hörte nicht auf zu küssen. Einmal sah ich ihm dabei kurz in die Augen, denn er sah einmal hoch zu mir, als er mich so küsste. Ich kann diese Küsse nicht vergessen und auch nicht, dass ich ihn gar nicht berührte, dass ich nichts zurück-, sondern einfach nur mich hingab. Dieser Blick. Ich vergesse nicht den Blick von Edwards blauen Augen, während ich an meinem Laptop sitze und Bördeler in meinem Rücken habe, der aufkichert über seinen Comics, Bördeler, ohne dessen ständige Gegenwart ich mich vielleicht schon längst gewöhnt hätte an den Blick von Edward, mit dem er mich fragt, ob ich ihn wirklich lieben kann.

»» *Lass mir meine Heimat!*

Wenn wir uns jetzt abends zu dritt auf der Matratze zusammenkuscheln und den postkartengroßen Fernseher, Geschenk von Edwards Mutter, auf dem Kapitänsstuhl aufstellen, um mit unserer Bierpalette diese Serien anzugucken, bei denen Gut und Böse so wohltuend glasklar unterscheidbar sind, dann geht mein Blick immer mehr nach innen, ich sehe Bilder und höre Stimmen: Edward, mein süßer, kluger blauhaariger Edward, wie er neben mir im Bett lag und weinte und weinte. Sein wütendes Gebrüll: «Denkst du denn, dich hätten sie verschont?» Seine Hassgrimasse, die auch mir galt. (Wo ist dieser Hass geblieben?)

Sarah, wie sie in der Küche sitzt und lacht, über meine Witze. Über mich.

Jessika, die aus dem Fenster stürzt.

Mama, klein, schmal, übermüdet, die sich in den Türrahmen meines Zimmers lehnt und sagt: «Sie brauchen dich!»

Warum schreibst du mir, Mama, und mischst dich immer und immer wieder in mein Leben ein? Schon wieder willst du mich retten, wie immer eine entscheidende Sekunde zu früh, diese entscheidende Sekunde zu früh, die mich vielleicht davon trennt, mich selbst zu retten. Mach mir doch, verdammt nochmal, nicht immer Angst vor der Heimatlosigkeit!

Lass mir doch meine Heimat!

Ich sehe Bördeler. Er geht zum Kühlschrank, holt den Pennygouda raus und beißt ein großes Stück ab, dann nimmt er sich die obligatorische Scheibe trockenen Toastes und stopft sie hinterher, Bördeler in Edwards engem T-Shirt und Edwards Jeans, die ihm zu kurz ist. Ich habe ihm meine Zahnbürste geschenkt. Haben wir nicht unsere eigene Art, Edward und ich, eine ausgleichende Gerechtigkeit herzustellen? Wir sorgen für Bördeler wie für einen kleinen Behinderten. Wir füttern ihn durch, kleiden ihn und führen ihn auf den Weg zur Selbständigkeit (z. B. haben wir ihn gezwungen, eine Zeitung zu kaufen, damit er die Wohnungsanzeigen durchgehen kann).

Liebe, LIEBE – irgendjemand malt dieses Wort mit großen Buchstaben an die Wand.

Ich habe ja auch über die Liebe gar nichts mehr geschrieben.

»» *Die Liebe liebt wandern*

Bis Mamas Brief kam, hatte ich über die Liebe gar nichts mehr geschrieben. Das ist wohl immer so, dass man über die Liebe nur schreibt, wenn es um das «Erklär mir, Liebe» geht.

Edward brummte eine Melodie vor sich hin, die kam mir so eigenartig vertraut vor, obwohl es keiner der gängigen Songs war, eine sanfte, melancholische Melodie, ich dachte, es sei ein altes Kinderlied und fragte ihn. Da sang er, erstaunlich schön und klar:

> Die Liebe liebt wandern,
> Gott hat sie so gemacht,
> von einem zu dem andern,
> Gott hat sie so gemacht.

Und noch während Edward das sang, er saß dabei auf seiner Schiffskiste und lächelte zu Bördeler und mir herunter, da wurde mir plötzlich ganz fürchterlich schwer ums Herz: weil ich das Lied erkannte. Vor zwölf Jahren, da hatte ich es fast jeden Tag gehört, das heißt, nicht ich, sondern Mama hatte es gehört, nachdem mein Vater abgehauen war:

> Die Liebe liebt wandern,
> Feinliebchen, gute Nacht.

Edward sagte, ziemlich ernst: «Es ist ein Abschiedslied. Es singt einer, dessen Braut ihn nicht mehr liebt, er weiß nicht, warum sie es nicht mehr tut, er hat keine andere Erklärung für das Ende ihrer Liebe als die, dass die Liebe wandern muss.»

(Ich schreibe das alles hier ganz spät in der Nacht auf, ich habe extra noch zwei Dosen Red Bull getrunken, um zu schreiben. Um beim Schreiben nachzudenken, denn im Bett, neben Edward, da kann ich unmöglich denken, da höre ich seinen etwas unruhigen Atem und unverständliche Worte, die er noch flüstert. Ich atme seinen Geruch ein, der mir so vertraut ist, als würden wir uns schon jahrelang kennen, und vergesse dabei die Dinge, über die ich nachdenken wollte. Es ist aber eine Distanz zwischen Edward und mir, die ich nicht erklären kann. Immer wieder kommt es mir so vor, als würden wir in einer Sprache miteinander sprechen, von der ich mir nur einbilde, dass ich sie verstehe. Und als würde Edward mich mit manchen seiner rätselhaften Sätze auf die Probe stellen. Als würde er sagen: «Du hast gesagt, dass du mich liebst, also musst du mich auch verstehen.» Weil es sonst nämlich mit der Liebe gar nichts wäre.)

«Warum singst du das Lied?», fragte ich Edward wieder, und jetzt hatte ich bei dieser Frage genau dasselbe Herzklopfen, wie ich es wahrscheinlich hätte, wenn Edward mich wieder fragen würde: «Kannst du mich wirklich lieben?» Vielleicht war das Lied auch genau diese Frage? Ich weiß es nicht, ich mag diese Frage nicht. (Ach, ich weiß es! Mama, wie soll ich dir deinen Brief verzeihen? Du bist es, die sagt, dass ich nur auf der Flucht bin.)

>Fremd bin ich eingezogen,
fremd zieh ich wieder aus.

Sang Edward.
«Wegen Bördeler», sagte er. «Wegen Bördeler singe ich das Lied.»

Abschied von Bördeler

Wir haben Bördeler ein Zimmer besorgt! Drei Adressen besaßen wir, nachdem ich Edward überredet hatte, einen Zettel an der Uni auszuhängen.
«Anspruchsloser Zivi sucht billiges WG-Zimmer! Schnellstmöglich!»
Zwei Frauen um die 30 wollten ihm ein Kellerzimmer mit vergitterten Fenstern vermieten, 200 Mark, und Bördeler sagte schon: «Is o. k.», aber Edward und ich wechselten einen Blick und zogen ihn aus der Wohnung raus, nein, damit könnten wir nicht leben!
Bei der zweiten Adresse fragten sie gleich nach Arbeitsbescheinigung und Bürgschaft.
«Hab ich nich», sagte Bördeler.
«Ich bürge für ihn.» Edward zog einen Kontoauszug

aus der hinteren Hosentasche, aber die drei blöden Studenten wollten nicht, kein Wunder, das Konto hatte genau 621 Mark Miese. Ich dachte schon, vielleicht wird es nichts und es soll so sein, dass die Zeit, die auf Erden mit Edward mir gegeben ist, untrennbar mit Bördelers Gegenwart verbunden sein wird.

In der dritten WG aber, da haben sie ihn genommen! Zwei Krankengymnastinnen und ein bärtiger Typ, mindestens 50 Jahre alt.

«Bist du ein ordentlicher Typ», fragte eine der Frauen, und noch bevor Bördeler «Öi, ähm» antworten konnte, sagte ich: «O, er ist sehr ordentlich, im Grunde ist es blöd, dass unsere Wohnung zu klein für drei ist, denn immer war es Bördeler, der aufgeräumt hat, und kochen kann er auch, wirklich, es wird schwer sein ohne ihn, Bördeler ist ein Gewinn für jede WG, nicht wahr Edward?»

Die beiden Frauen guckten ziemlich zweifelnd auf Bördeler, der zusammengekauert am Küchentisch saß in seinem natürlich längst total zerknitterten Abileinenanzug und den blonden Haaren, die ihm strubbelig ins Gesicht hingen. Der Alte aber lockte uns auf den Balkon und zog einen fertigen Joint aus der Tasche. Ich glaube, es war Bördelers glückliches Grinsen über diesen Joint, das ihm jetzt ein möbliertes Zimmer verschafft hat. Morgen wird er einziehen. (Morgen schon, schon morgen.)

»»Bist du traurig?

«Bist du traurig?», fragte Edward Bördeler.
«Nö», sagte Bördeler. «Ich seh euch ja wieder, irgendwie, irgendwo, irgendwann, hö, hö. Mir tut es nur Leid, dass Palma auch weggeht.»
«Wieso?», fragte Edward und sah mich an, erschrocken. «Wieso?»

»»Lächle mir zu

Ich sitze im Zug und schreibe. Wer weiß, wie lange dieser Laptop noch funktioniert, denn ständig laufen mir die Tränen herunter und platschen zwischen die Tasten. Irgendwann muss es doch einen Kurzschluss geben!

Adrienne, Adrienne. Warum sitzt du jetzt nicht, wie früher so oft, neben mir und hältst für mich die Fahne hoch. Lächle mir zu, stoß mich in die Seite, gib mir deinen letzten Schluck Bier und den letzten Zug aus deiner Zigarette und erkläre mir, dass nicht so wichtig ist, was man tut, sondern was man «danach» tut.

Das war Adriennes Lieblingsspruch, wenn ich ihr eine von diesen Geschichten erzählte, die anfangen mit: «Es ist etwas ganz Schreckliches passiert!»

Adrienne, sag mir, dass es noch einen Ausweg gibt für mich.

Für Edward und mich.

Silentium

Es begann mit einem Gespräch über die Zukunft, das Schreckliche. (Ich weiß, dass es in Wirklichkeit schon viel früher begonnen hat. Dass es wahrscheinlich schon von Beginn an da war.) Es begann, nachdem wir Bördeler vor die Tür seiner neuen WG gebracht hatten.

«Bist du traurig?», fragte Edward Bördeler.

«Nö, ich seh euch ja wieder, irgendwie, irgendwo, irgendwann, hö, hö.» Und dann sagte er, dass es ihm Leid tut, dass ich weggehe. Dabei hatte ich gar nichts davon gesagt.

Und nun waren wir nicht zurück nach Hause gegangen, in Edwards Zimmer, sondern in eine Eckkneipe. Und redeten über die Zukunft.

Edward (träumerisch): «Ich will in die Forschung gehen. Wir werden einen revolutionären Treibstoff entwickeln, der Professor und ich. Wir werden das Silicium ganz neu einsetzen.»

Palma (mit den Gedanken bei einer anderen Zukunft): «Was soll denn das sein, eine neue Primzahl?»

Edward (die Ironie ignorierend): «Beinah! Silicium,

das ist ein wunderbares Element, das Energie leiten kann. Es ist das weitverbreitetste Element überhaupt, und wenn man seine Fähigkeiten besser ausnutzen könnte als bisher, dann wären alle Energieprobleme mit einem Schlag gelöst. Das Faszinierende ist: Es hat die Ordnungszahl 14 und eine relative Atommasse von 28,086.»

Palma: «Und?»

Edward: «Zähl doch mal alles zusammen: Die Quersumme ergibt 29!»

Palma: «Das ist mir echt zu hoch.»

Edward (erregt): «29 ist eine Primzahl! Das muss dich doch interessieren! Jedenfalls dann, wenn du dich für mein Leben interessierst. Wenn wir zusammenbleiben wollen.»

Palma (beleidigt): «Wieso ist diese Primzahl dein Leben? Muss ich denn Physikerin werden, um dich zu lieben? Du interessierst dich doch auch nicht für meine Sachen und liebst mich trotzdem!»

Edward: «Was, was sind denn deine Sachen? Du machst doch gar nichts Bestimmtes.» (Ja?)

Palma (Hilfe!): «Doch, natürlich mach ich was! Ich sehe jede Folge von Melrose Place und sämtliche Talkshows. Ich lese Girl, Young Miss, Allegra, Maxi, Focus. Ich rede mit den Leuten und höre ihnen zu, ich –»

Edward: «O je!»

Palma: «Du denkst, das ist nichts, was? Aber Leute wie ich, wir sind eine soziale Bereicherung für die anderen. Ich weiß zwar nichts richtig, aber dafür weiß ich von allem etwas. Ich kann mit jedem reden, ob Prolet oder Professor. Das ist genauso viel wert wie dein Silentium!»

Edward: «Silicium.»

Es machte wirklich keinen Spaß.

Wo war Bördeler, der sagt: «Lass Palma mal!»

»»» *Es passieren so viele Unglücke in der letzten Zeit*

Wo war Bördeler, der vielleicht gesagt hätte: «Lass Edward mal.» Der mich vielleicht daran gehindert hätte, weiterzusprechen, indem er, wie so oft, wenn wir in Gesprächen die Gegenwart zu verlassen drohten, einen von uns anstößt: «Ey, Leute, guckt mal da rüber.» Ich stellte mir Edwards Professor vor wie einen grauen, dünnen, aufgeregten Mann mit dicker Brille, der in einem Labor hin- und hergeht und große Reden schwingt, die Edward demütig in ein Heft protokolliert: «Drei, fünf, sieben, elf, dreizehn, siebzehn, neunzehn», und der Professor bleibt stehen, er hebt den Zeigefinger, starrt Edward fanatisch in die Augen und schreit: «Siehst du es? Hast du es gemerkt? Die siebte Primzahl ist eine Neunzehn! Jedenfalls dann, wenn man die Eins nicht mitzählt!» Und Edward, der Musterschüler, er sagt: «Einmal ist ja auch keinmal, Herr Professor.»

«Weißt du, was ich glaube, Edward? Ich glaube, dass es deinen Professor gar nicht gibt.»

Edward stieß sein Bierglas um, er bemerkte es gar nicht, er sah mich nur mit einem gequält nachdenklichen Blick an, so lange, dass ich eine kribbelnde Ungeduld spürte und mich schnell nochmal fragte, was ich eigentlich gesagt hatte.

«Deinen Professor, den gibt es doch gar nicht!»

In Wirklichkeit glaubte ich das natürlich nicht. Ich wollte Edward kränken, zum allerersten Mal mit Absicht kränken. Ich wollte mich wehren gegen dieses blöde Primzahlen-Silicium, gegen diese Kraft, die Edward früh morgens aus dem Bett treibt und sein Leben gegen mich, die Schläferin, durchorganisiert. Für nichts und wieder nichts. (Für nichts Wirkliches. Einer wie Simon, der kriegt wenigstens Geld dafür, dass er die großen Ferien verkauft.)

Edward sah mich immer noch so durchdringend an.

O, mein Gott!, dachte ich, es gibt ihn vielleicht wirklich nicht!

«Edward!», sagte ich. «Ich hab's nicht so gemeint, ich –»

«Es passieren so viele Unglücke in der letzten Zeit!» Das war seine Antwort. «So viele!» Er flüsterte fast. Und begann aufzuzählen, Flugzeugabstürze, U-Boot-Untergänge, Zugzusammenstöße, Skikabinenfeuer. Er nannte Tage, Orte, Kilometerzahlen, Uhrzeiten, Zahl der Toten und Verletzten und dass er alles aufgeschrieben und ausgerechnet habe, jeden Tag. «Seit wir uns kennen jeden Tag, Palma!»

«Edward!» Ich schüttelte ihn am Arm. «Ich hab's nicht böse gemeint, hör auf! Wenn es eben so wäre, falls es den Professor nicht gäbe, das wäre doch kein Unglück. Hör auf! Es ist gut!»

»»» *Darf man nicht nach Knoblauch riechen?*

Wir saßen wieder am großen Fluss. Edward weinte. Er weinte die ganze Zeit. So, wie ich jetzt weine, aber als Edward weinte, weinte ich nicht. Ich war starr. Ich wurde kalt. Manchmal legte er seinen Kopf in meinen Schoß, manchmal stand er auf und ging umher, und die ganze Zeit sagte er Dinge, die so ungerecht waren, dass ich mich nicht mehr verteidigte, dass ich nicht daran appellierte, wie schön es gewesen war, er löschte alles aus.

Dabei hatten wir uns schon wieder vertragen und geküsst und davon geredet, wie wunderbar es sein würde, diese Nacht allein zu sein, und gingen eng umschlungen durch die Straßen, wie schon lange nicht mehr.

«Weißt du noch, in Amsterdam, als wir so durch die Straßen gingen?», fragte ich.

«Weißt du noch, in Amsterdam, dass du da die Krücken hattest?», fragte Edward. «Vielleicht hätte ich mich nicht verliebt ohne deine Krücken.»

«Vielleicht hätte ich mich nicht verliebt ohne meine Krücken», sagte ich.

Aber dann, als wir den Platz unter der Linde am Fluss gefunden hatten, da verdrehte sich alles wieder ins Gegenteil.

Und das kam, als ich versuchte, ihm zu erklären, warum ich das Soziale Jahr unmöglich weitermachen kann. Wegen dem Hass auf all die Behinderten, die Krüppel, die Alten, die Hilflosen, ja, das wär nun mal so, ich konnte das ja vorher nicht wissen, und wenn ich zurückginge, dann würde ich jemand werden, in dessen Leben Hass und Abscheu die größte Rolle spielen.

Edward wurde immer stiller, obwohl er doch den ganzen Abend schon so viel geredet hatte, und so halb merkte ich, dass es eine seltsam flirrende Stille war, so, als würde er die Zähne zusammenbeißen, als würde er kaum ertragen, was ich sage. Aber ich achtete nicht drauf, ich dachte: «Wenn er will, dass ich ihn so nehme, wie er ist, dann muss er dasselbe auch bei mir versuchen, ich muss ihm sagen, was ich denke, und er soll, er soll sagen, dass ich bei ihm bleibe.»

Je mehr ich seine Abwehr spürte, desto sturer behauptete ich, dass es mir wahrscheinlich nichts ausmachen würde, wenn Jessika sich umbringt, und dass ich die blöde Herta Biedermann mit ihrem Kissen hätte ersticken können, wie sie da so hockt in ihrem Lehnstuhl und mir befiehlt, dass ich das Kissen auf den Millimeter genau ausrichte und nochmal und nochmal.

Ich wollte ja nur, dass er diese Gefühle hinnimmt, das Böse, das in mir ist, ganz harmlos wollte ich das, wie man sich wünscht, dass man nach Knoblauch riechen darf, auch wenn der andere diesen Geruch eigentlich hasst, er soll ihn nicht mehr hassen, wenn ich es bin, die nach Knoblauch riecht, verstehst du, Edward, ich wollte, dass das, was ich sage, weniger schlimm ist, weil ich es bin, die es sagt, und weil du darauf bestehen würdest, dass das nicht alles sein kann, mein Hass, weil du wissen würdest, dass ich auch lieben kann, wenn es darauf ankommt. Weil ich dich ja liebe.

Bist du verrückt?

Natürlich war auch ich betrunken, wir tranken die ganze Zeit aus einer Tequillaflasche, die wir unterwegs gekauft hatten, und zuerst kapierte ich gar nicht, was er antwortete, dass er sagte: «Ich sollte dich jetzt eigentlich auf die Schultern nehmen und mit dir in den Fluss springen, denn hier, in diesem Leben, hier können wir nie, niemals zusammen sein.»

Und dann stand Edward tatsächlich auf und beugte sich zu mir herunter, als wollte er mich hochheben, und sein Blick war dabei völlig abwesend, und sein Griff war hart, als er mich um die Schultern und unter den Knien anfasste, sodass ich aufsprang und schnell vor ihm zurückwich.

«Bist du verrückt?!», schrie ich.

Und er schrie zurück: «Hast du es endlich begriffen?»

«Was?», schrie ich.
«Dass ich verrückt bin!»
Nein, das hatte ich nicht begriffen.

Lass mich los, nein, halte mich

Er sagte, bleib bei mir, Palma, aber wie sollst du bleiben, du, Palma, du wirst mich hassen wie deine Behinderten und Alten und Hilflosen. Habe ich dich nicht gewarnt, damals, als ich mit Domian redete, weil ich wusste, dass du es hören würdest? Ich kann nicht mehr! Ich konnte schon nicht mehr, als ich mich in dich verliebt hatte, ich hatte von Anfang an Angst, was passieren wird, wenn du das merkst, irgendwann. Und gleichzeitig hoffte ich, du würdest es bemerken, du würdest dann nicht weggehen wie Adrienne, die niemals auf Krücken gehen musste und nicht wusste, wie das ist.

«Ha!» Er schrie längst schon wieder. «Ha, ha, ha! Dabei hast du nichts, nichts bemerkt! Und willst hier bleiben und immer weiter mit mir saufen und zusehen, wie ich meine Pillen reinschmeiße, und Scherze machen, dass es meinen Professor nicht gibt, und denkst, das geht immer so weiter.»

«Aber das stimmt doch gar nicht! Nicht so, wie du es sagst», wollte ich entgegnen, obwohl mich seine verzweifelten Analysen total ermatteten, so, als hätte ich sie schon tausendmal gehört und wüsste längst, dass es sinnlos sein würde, sie zu entschärfen. «Ich habe es bemerkt, irgendwie, so, wie man von sich selbst manchmal nur dumpf weiß, dass irgendetwas nicht stimmt. Ich bin doch selbst nicht besser dran!» Das wollte ich sagen. «Ich bin doch noch viel schlimmer dran!»

Ich wollte fragen: «Was, was um Gottes willen erwartest du von mir?» Aber ich kam nicht dazu.

«Ich liebe dich nicht! Ich hab es gesagt, aber ich liebe dich nicht, ich halte es nicht aus, dich zu lieben, gib die Flasche rüber, ich muss besoffen sein, du liebst niemanden, du machst nur Besuche in verschiedenen Zoos, um dann Geschichten zu erzählen von den komischen Affen, die du getroffen hast ...», so ging es weiter, immer weiter. Weiße Spucke stand in seinen Mundwinkeln vom vielen Reden.

«Ich habe ein Spiel gespielt, Palma, ich dachte, du bist meine Rettung, meine Primzahlenkönigin, ich gehe jetzt in den Fluss, ob mit dir oder ohne dich, lass mich los, nein, halte mich!»

Und ich hielt ihn, ich zog ihn immer wieder vom Wasser zurück und riss ihm endlich diese verdammte Tequillaflasche aus der Hand und warf sie in den Fluss.

Was zählt?

In dieser Nacht lagen wir nicht nebeneinander. Ich hatte Edward in sein Bett verfrachtet, dort lag er zusammengekrümmt wie ein kleines Kind, kein Teufelshorn in seinen blaugelben Haaren hatte seinem Haareraufen standgehalten, plötzlich war es so still.

Ich konnte nicht schlafen, ich sah immer Edward an und wusste, dass ich es nicht allein mit ihm aushalten kann. Es war schrecklich, das zu wissen. Aber ich wusste es.

Ich blieb wach auf Bördelers Matratze liegen und dachte über die Liebe nach. Die ganze Nacht dachte ich darüber nach.

Als Adrienne mit Edward Schluss gemacht hatte, da hatte er zu ihr gesagt: «Es macht mir nichts aus, dass du gehst. Ich weiß nur nicht, wie ich es überstehen werde, dass mich jetzt niemand mehr mit dem *liebenden* Blick betrachtet. Im Nachhinein wirst auch du mich nur noch mit allen meinen Fehlern sehen.»

Ich, ich denke nicht schlecht über Edward. Ich denke schlecht über mich! Das ist noch viel schlimmer, jedenfalls dann, wenn man ernsthaft über die Liebe nachdenkt. Mama hat gesagt, da war ich vierzehn oder fünfzehn, sie hat gesagt, dass man es festhalten soll, wenn man das erste Mal fühlt, dass man jemanden liebt. Man soll prüfen, ob man wirklich liebt, und es dann festhalten, weil die erste wirkliche Liebe loszulassen bedeutet, dass man nie wieder richtig an die Liebe glauben wird. «Verlieb dich ruhig», hat sie gesagt, «verlieb dich immer wieder, aber geh nicht gleich aufs Ganze, setz nicht gleich alle deine Schwüre ein. Es kann sein, dass du dich nicht mehr erholst, wenn du deine Schwüre zurücknehmen musst!»

Damals wusste ich überhaupt nicht, wovon sie eigentlich redet, aber später habe ich oft gemerkt, dass ich eine Stimme im Kopf hatte, die diese Sätze immer stur wiederholte, wenn ich überlegte, ob ich einem Jungen sagen soll, dass ich ihn liebe. Ich spreche alles aus, Hass, Wut, Angst, Verzweiflung, Missmut, Verachtung, alles, und es ist mir egal, ich will mich nicht rechtfertigen. Aber «Ich liebe dich!», das habe ich bis jetzt nur einem gesagt. Und das war Edward.

Hat Edward mit mir Schluss gemacht?

Habe ich aufgehört, Edward zu lieben?

Oder – war das gar nicht «die Liebe»?

Was glaubst denn du (Adrienne, Mama, Edward, was glaubt ihr?): Was zählt mehr? Das Glück oder das Unglück? Der Traum oder die Wirklichkeit? Die Illusion oder die Wahrheit?

Die Wahrheit

«Bleib hier, bleib bei mir!»
Die Wahrheit ist: Ich bin nicht geblieben.
(Ich habe nichts zurückgelassen, nur die Krücken, zusammengebunden, an einen Nagel gehängt.)

Der Weg durchs Leben ist steinig

Sie haben mich wieder aufgenommen. Mein Zimmer im Vierten allerdings, das wurde vergeben, ich will gar nicht wissen an wen. Jetzt wohne ich im Dritten, bei den Braven. Meine Krücken habe ich gegen Edwards Jeans getauscht, die Jeans, die Bördeler immer anhatte und die über meine Beinschiene passt. An meiner Zimmertür, innen, steht ein Spruch, den sie trotz aller sichtbaren Bemühungen nicht abschrubben konnten: «Der Weg durchs Leben ist steinig, und zu allem Überfluss trage ich auch noch Plateauschuhe ...»

Sie haben gesagt, dass sie ein Sonderprogramm mit mir machen. Ich soll jeden Tag vom Nachmittag bis in den Abend zu einer 89-jährigen Frau gehen, mit der keiner klarkommt, weil sie so ein Sturkopf ist.

«Da kannst du dich bewähren», sagen sie. «Deine letzte Chance.»

» » *Hast mich ruhig gemacht*

Liebe Mama!

Seit neuestem, wenn ich auf meinem Bett liege und den zerkratzten Kleiderschrank sehe, die Zeitungen auf dem Fußboden, die verstreuten Kleidungsstücke und schließlich den Himmel durch das ungeputzte Fenster, da denke ich: Was werden sie wohl mit mir machen, wenn ich alt bin und allein, das heißt, ich denke an meine Besuche bei Frau Selig. Meine neue, meine einzige Klientin.

Frau Selig ist 89 und so klein, dass ich sie mühelos auf den Arm nehmen könnte, nur noch Haut und Knochen. Meistens liegt sie auf dem Bett, wenn ich reinkomme, und starrt mit dunklen Vogelaugen vor sich hin. Sie kann mich nicht hören, sie hört überhaupt nicht mehr. Ich gehe langsam auf sie zu, um sie nicht durch meine plötzliche Gegenwart zu erschrecken, aber sie erschrickt doch jedes Mal, denn sie sieht auch nicht gut und denkt im ersten Moment immer, ich sei Lucie-der-gute-Engel, eine andere Pflegerin, mit der sie sich oft streitet. Ich kann diese Streitigkeiten gut verfolgen und tue es mit einem voyeuristischen Vergnügen, denn wer mit Frau Selig sprechen will, muss seine Worte in großen Druckbuchstaben auf einen bereitliegenden Block malen.

Frau Selig, Sie haben schon wieder nicht den Toilettenstuhl benutzt! steht da etwa, oder: *Sie müssen vernünftig sein, Sie sind nicht mehr die Jüngste und werden auch nicht jünger!* Oder: *Na gut, dann kommt der Becher eben nicht in den Schrank, wenn Sie das unbedingt wollen!*

Es ist ein Witz. Frau Selig ist meistens schon nach drei mühsam entzifferten Worten völlig erschöpft. Manchmal steht dann auf dem Block: *Sie hören mir ja gar nicht zu!*

Wenn Frau Selig mich erkannt hat, dann sagt sie: *Palma, du bist Palma, bist du Palma?* Ich «rede» mit ihr wie mit einem Kind, das noch nicht sprechen kann, fast nur in Zeichen und Gesten. Und wenn Lucie-der-gute-Engel den Kaffeebecher immer wieder in den Schrank stellt, so lasse ich ihn doch auf der Anrichte stehen, wenn Frau Selig das will. Ihr Wunsch ist mir Befehl (und sei es nur, um Lucie eins auszuwischen). Ihr Wunsch ist mir Befehl, weil sie auf eine so komische Weise fuchsteufelswild wird, wenn man ihr nicht den Willen lässt.

Sonntags zum Beispiel, wenn kein «Essen-auf-Rädern»-Matsch kommt, dann will sie ihre Dose Ravioli selbst heiß machen in der winzigen Küche. Ich weiß, dass Lucie ihr das nicht erlaubt, aber ich weiß nicht, WIE sie es ihr verbietet. Mit der einen Hand auf den Herd gestützt rührt die kleine Frau Selig so energisch im Topf herum, als müsste sie ein Waschbecken schrubben, und merkt ganz und gar nicht, dass die Tomatensoße schon herausspritzt. Ich rufe: «Vorsicht!», aber sie hört ja nicht. Ich berühre ihren Arm, aber sie stößt mich unwillig zurück. Ich will ihr den Löffel aus der Hand nehmen, aber da fuchtelt sie wütend mit dem Arm durch die Luft, und überall ist Tomatensoße, was sie natürlich auch nicht merkt. Sie war richtig böse auf mich, ganz böse, vielleicht war ich auf dieselbe Art böse auf dich, Mama, wenn du mir den Löffel aus der Hand nehmen wolltest. *Das darfst du nie wieder tun!*

Sie wird bald sterben, die Alte. Manchmal bleibt ihr Atem stehen, und dann zähle ich die Sekunden. Wenn sie stirbt, während ich da bin, dann werde ich ihre Hände übereinander legen, bevor sie kalt und unbeweglich werden.

Einmal habe ich die Hände einer Toten angefasst. Es waren die Hände von Großmutter, die ich noch einmal berühren wollte, so, wie man das immer in Filmen sieht oder in Büchern liest. Sie fühlten sich an wie kühler Stein. Das hatte ich nicht gewusst. Wenn ich jetzt einen Film sehe, in dem eine Frau ihren toten Geliebten umarmt und küsst und ihre Wange an seine Wange legt, dann weiß ich, dass das alles verlogen ist. Man kann seine Wange nicht an einen Körper aus Stein legen, man würde voller Entsetzen zurückfahren.

Noch hat Frau Selig sehr warme Hände. Jedes Mal, wenn ich sie in meine nehme, bin ich echt gerührt, dass das so ist. Kleine Hände, wie Vogelkrallen, zart, mit bläulichen Adern über den Knochen. Nicht abstoßend, nein, warm und trocken und erstaunlich zärtlich, denn oft nimmt Frau Selig meine Hände in ihre, um sie zu wärmen, und dann bin ich froh, dass sie so was für mich tun kann.

Sie hat dicke weiße Haare, und am Kinn wächst ihr ein struppiger weißer Bart, den müsste man eigentlich mal rasieren, das aber ist schwer, wegen der vielen Falten, und außerdem wäre es Frau Selig sicher viel zu peinlich. Sie will ja auch nicht, dass man sie aufs Klo begleitet oder doch nur bis zur Tür, alles andere macht sie aus Scham allein, obwohl sie wirklich nur schlecht gehen kann, seit ihrer Verletzung und weil sie ja nicht hören kann, das geht aufs Gleichgewicht. Ich beobachte sie aber trotzdem, wenn sie auf dem Klo ist, weil ich sie im Notfall rechtzeitig auffangen muss. Ich stehe dabei hinter der Tür, außerhalb ihres engen Gesichtsfeldes. Sie hat so dünne Beine und altmodische lange Unterhosen. *Jetzt kannst kommen*, sagt sie, wenn sie fertig ist.

Ich dusche sie nicht, das macht immer Lucie, die morgens da ist. Ich ziehe ihr nur später das Nachthemd an, aber auch da will Frau Selig die Unterwäsche nicht vor mir wechseln, damit ich sie nicht nackt sehen kann.

Es ist komisch mit dieser Scham, denke ich immer wieder, sie ist noch ein Rest Selbstbestimmung, und genau die wird sie schließlich ins Altersheim bringen. Sie mag nämlich den Toilettenstuhl nicht benutzen, den ja jemand ausleeren müsste, und deshalb wird sie wohl in ein Heim müssen, weil man nicht auf die Dauer so viele Nachtwachen besorgen kann und weil sie fallen könnte, wenn niemand sie aufs Klo begleitet. Frau Selig hat zwar einen Stock, mit dem kann sie auch einigermaßen gehen, nur nicht im Dunkeln. Nachts aber ist es stockdunkel in ihrer Wohnung, denn sie will das Licht nicht anlassen: *Da brennt die Birne durch!* Und den Lichtschalter kann sie nicht ohne das gefährliche Aufstehen finden. In ihrem Zimmer darf nämlich nichts verändert werden, es ist die einzige Vertrautheit, die sie noch hat. So darf der Sessel neben ihrem Bett nicht verrückt werden, auf dem Sessel aber ist kein Halt für eine Lampe, und so kommt Frau Selig wohl bald in ein Heim, weil sie an ihrem Zimmer hängt, wie es ist und schon immer war.

Lucie streitet sich sehr oft mit ihr über diese Angelegenheiten. *Frau Selig, wenn Sie den Sessel nicht verrücken, dann kommen Sie in ein Heim!* Ich streite mich nicht mit ihr. Ich hoffe, dass sie vorher stirbt.

Sie ist mehr als viermal so alt wie ich, einmal haben wir sehr gelacht darüber. Sie hat mir auch ihren Vornamen gesagt, Klara, und in Gedanken nenne ich sie auch so und duze sie. Wenn ich Klara etwas auf den Block schreibe, dann vermeide ich eine direkte Anrede. Ich schreibe: *Immer rufen!*, wenn ich mich aus ihrem Blick bewege und am Tisch lesen will, oder: *Heute geträumt?* oder *Palma*, denn meinen Namen vergisst sie manchmal wieder. Es kommen ja verschiedene Pflegerinnen. Nur den Namen von Lucie, den weiß sie immer.

Heute, heute hat sie gesagt: *Was kann ich nur machen? Ich kann hier immer nur sitzen, weißt du, was ich machen kann?* Ich habe sie in den Arm genommen, und, Mama, einen Augenblick lehnte sie sich an meine Schulter. Dann aber straffte sie sich wieder und sagte: *Nein, das geht nicht, sonst muss ich weinen.*

Ihre Wohnung ist immer penibel aufgeräumt. Das machen alles die Pflegerinnen. Selbst ich hinterlasse keine Spuren, ich, in deren eigenem Zimmer nur Chaos herrscht. In der Pflegedokumentation steht dann: *Heute das große Fenster geputzt* oder *Heute gesaugt und Staub gewischt*. So was mache ich nicht. Ich wasche nur das Abendbrotgeschirr ab und stelle die Sachen wieder in den Kühlschrank. Manchmal picke ich die Krümel auf, die Klara beim Essen fallen gelassen hat.

Ich sehe ihr gern beim Essen zu. Sie sitzt erwartungsvoll am Tisch und will immer anderthalb Scheiben Brot haben, immer nur mit einer Sorte Wurst oder Käse belegt, aber ich tue lauter verschiedene Sachen drauf. Dann denkt sie zwar, der verlangte Käse sei schon alle, und droht ein bisschen: *Du tust zu dick auf*, aber sie freut sich doch und isst alles hintereinander. *Hast wieder alles verschieden gemacht*. Dazu trinkt sie Kaffee, zwei Becher voll, *muss ich, wegen mei'm Gebiss*, und manchmal fragt sie mich sogar, ob ich was abhaben will. Das will ich meistens, und es macht mir Spaß, mit ihr zu essen.

Nach dem Essen sind noch drei Stunden Zeit bis zum Schlafengehen, das heißt bis zu dem Zeitpunkt, wo ich gehe und das Licht ausmache, wenn keine Nachtwache kommt. (Seit ein paar Tagen kommt keine mehr, weil man sehen will, ob sie es nachts doch alleine schafft.) Trotzdem soll ich schon jetzt aus dem Bad den Becher für das Gebiss holen: *Das sitzt so locker*, und dann liegt Klara wieder im Bett, mit einem winzig zusammengefallenen Mund. Ich verstehe sie dann schlechter, deshalb macht sie sich Sorgen um mein Gehör, damit es nicht so wird wie bei ihr.

Wenn es Abend ist, muss ich ihr alle Viertelstunde die Uhr mit den großen Zeigern bringen. *Noch eine Stunde*, *dann gehst du, noch eine halbe Stunde, dann gehst du*, dann kommt die lange Nacht, zwölf Stunden bis zu Lucies Munterkeit. Ich setzte mich auf die Bettkante und nahm Klaras Hand. *Ich bin so unruhig, was soll ich tun?* Ich blieb still sitzen und streichelte ihre eine Hand, mit ihrer anderen streichelte sie meine Hand. *Was soll ich tun?* Was soll ich tun? *Hast mich wieder ruhig gemacht*, beruhigt Klara mich, und dann muss ich gehen. Heute, heute küsste ich ihre kleine Vogelhand, und plötzlich küsste sie auch meine Hand, und das kann ich nicht vergessen, wenn ich auf meinem Bett liege und die Zimmerwände mit meinen Blicken abtaste.

Ich ging und machte das Licht aus. Das harte Zuklappen der Tür, die etwas klemmt, konnte sie ja nicht hören.

Mama, ich denke an dich, Palma

PS: Ich hatte den Brief nicht abgeschickt, und nun muss ich noch schreiben: Klara ist gestorben. Es war vor zwei Tagen, es war in der Nacht, als ich an dich schrieb. Nein, nicht ich, Lucie-der-gute-Engel hat sie am Morgen gefunden.

Ich hab Schluss gemacht mit meinem Freiwilligen Sozialen Jahr, Mama. Neunzig Tage waren es. Doch Klara, sie hat ein ganzes Jahr daraus gemacht.

Bitte schick mir meine Sozialversicherungsnummer, ich fang bei Marktkauf an der Kasse an. Ich ruf dich bald an (brauche Kaution und erste Miete für mein neues WG-Zimmer, Simon hilft mir beim Umzug).

》》 *Es tut mir Leid, ich ging zu weit, war viel zu breit*

Edward, Edward in einer anderen Welt! «Wo bist du jetzt, sag mir, wo du steckst, in welchem Film, in welchem Bett. Sag mir, wie es um uns steht, hey, es tut mir Leid, ich ging zu weit, war viel zu breit.»

Vor mir liegt deine Postkarte, Unterschrift: «Fallada». Ach, aber dein angenageltes Bild, es ging verloren bei dem Umzug in ein anderes Zimmer, in eine andere Wohnung, in einen anderen Zustand. «Primzahlenprinzessin» schreibst du, immer noch. Aber, mein Lieber, meine Liebe, ich bin nicht mehr 19, ich bin jetzt 20 Jahre alt.

Danke, Edward, danke für alles!

Françoise Cactus bei rororo Rotfuchs

Françoise Cactus
Abenteuer einer Provinzblume
(20950)
Mitzi singt ihrem Teddybären Schlager vor, erlebt zusammen mit ihrer besten Freundin Sabine erste Liebesabenteuer und landet schließlich in der Berliner Szene, wo sie Schlagzeugerin einer Mädchenband wird. "Ein spritziger Roman in kurzen Häppchen, die im Nu verschlungen sind.» *Max*

Zitterparties
(20994)
Marie-Jeanne, frech, ungezähmt und Krimifan, lernt auf einer Party Elisabeth kennen, das bravste Mädchen der Welt. Doch plötzlich stolpert das deutsch-französische Gespann von Verbrechen zu Verbrechen: Jede Party wird zur Zitterpartie. Und was eigentlich ist los mit dem dahinsiechenden Onkel Marie-Jeannes ...? Witzig, abgehoben – spannend!

Françoise Cactus – eigentlich van Hove – begann ihre literarische Karriere im zarten Alter von 12 Jahren, als sie beim Schreibwettbewerb der Sektion Burgund den ersten Platz belegte und mit einem silbernen Kugelschreiber geehrt wurde. Für ihren bereits zwei Jahre später erschienenen Roman «Photo-Souvenir» kreierte die begeisterte Kritik das Genre «Lolita-Literatur».
Da aufgrund ihres Studiums ihr Stil seine ursprüngliche Unschuld verloren hatte, siedelte sie nachBerlin um und fand in der fremden Sprache zu ihrem unbedarft-unverdorbenen Mädchenstil zurück.
Françoise Cactus ist Sängerin und Schlagzeugerin der Band «Stereo Total».

Weitere Informationen in der Rowohlt Revue oder im Rotfuchs Schnüffelbuch, kostenlos im Buchhandel, und im Internet: www.rororo.de

Zoran Drvenkar bei rororo Rotfuchs

Zoran Drvenkar
Niemand so stark wie wir
(20936)
Berlin, rund um die Philippistraße: das ist das Viertel von Zoran und seiner Clique.
Das großartige Debut eines jungen Berliner Schriftstellers, geschrieben mit einer sprachlichen Präzision, die ihresgleichen sucht. Ausgezeichnet mit dem Oldenburger Jugendbuchpreis 1999.

Im Regen stehen
(20990)
Zoran, Adrian, Karim und die anderen sind zurück. Diesmal erzählt Zoran von seinen Wurzeln in der jugoslawischen Heimat, den ersten Jahren in der kleinen Berliner Wohnung, den Streitereien zwischen Mutter und Vater. Mit der ihm eigenen Sprache beschreibt Drvenkar diese ereignisreichen Jahre. Wie sein Debüt «ein packender Roman». SZ

Der Bruder
(20958)
Toni ist dreizehn, hat viele Freunde, ist in zwei Mädchen verliebt und träumt davon DJ zu werden. Eigentlich hätte Toni keinen Grund, sich zu beschweren, wäre da nicht sein älterer Bruder. Ein Bekloppter, der faule Dinger dreht, sagten seine Eltern, als sie ihn rauswarfen und er aus Tonis Leben verschwand...

Weitere Informationen in der Rowohlt Revue oder im Rotfuchs Schnüffelbuch, kostenlos im Buchhandel, und im Internet: www.rororo.de

Monika Lange / Nikolaus Heidelbach
Mit Katz und Hund auf Du und Du
Ein Tiersprachführer
(20951)
Touristen lernen die wichtigsten Ausdrucksformen und
Eigenheiten ihres Reiselandes in Führern. Nach dem gleichen
Prinzip verfährt dieses Buch: Die Biologin Monika Lange
sammelt und erklärt die wichtigsten Ausdrucksformen der
Haustiere, Bilderbuchkünstler Nikolaus Heidelbach setzt
deren Mimik und Körpersprache mit Sinn für Komik, aber
auch für Präzision in Szene.
Ein witziges, blitzgescheites Buch zum Thema Tierkommuniktation mit abschließendem Quiz und «Dolmetscher-Diplom»!